「血液型と性格」の新事実

AIと30万人のデータが出した驚きの結論

A New Statistical Guide to Blood Type Humanics

金澤正由樹
Kanazawa Masayuki

鳥影社

まえがき

あなたは、血液型と性格に関係があるなんて、まったく根拠のない非科学的な俗説だと思っていませんか。心理学者や精神科医のような多くの専門家も、そのとおりだ、完全に迷信だ、と声高に叫んでいます。これが現在の「常識的な大人」の考えというものでしょう。本書は、そんな「常識」を、最新のＡＩと30万人の膨大なデータで、ことごとく打ち破ります。

一方で、血液型と性格に関係があると考える読者の皆さんは、武田知弘氏の近著『本当はスゴイ！　血液型』を読んだかもしれません。ある程度の年齢のかたなら、能見正古比氏の『血液型人間学』をわくわくしながら読み進めた経験がある人も、決して少なくないと思います。

武田氏や能見氏の本が魅力的なのは、きちんと統計をとって、**証拠（エビデンス）に基づいて分析している**ところです。そして、なぜそうなのかという理由も、様々な角度からスポットライトを当て、科学的に解明しようとしている点です。本書でも、前半の第一部では、スポーツ、政治、カルチャー、愛情、恋愛などの様々なシーンのデータ分析にあて、数多くの統計データで再確認をしています。

続く第二部では、心理学者などの専門家の主張を、大規模調査を使って徹底的に論破します。ずばり、否定論はすべてウソだったのです。その理由はまさに「コロンブスの卵」なのですが、なぜ誰も考えつかなかったのかは、本当に不思議というしかありません。

実は、**日本のどんな調査でも、自己報告の性格なら血液型による差が必ず出ている**のです！　理由は極めて単純で、日本人の約70％が、血液型と性格の関連性を感じているからです。それなら、アンケート調査で「几帳面（A型）」「マイペース（B型）」などの有名な特性を質問すれば、必ず血液型によって差が出るはずですよね。なにしろ、7割の人が関連性を感じているのですから……。

現実もまさにそのとおりでした！　いままでに蓄積された**何十万人ものデータが、見事に血液型と性格の関連性を実証しています**。たとえば、現在最大規模と思われる長崎大学の武藤、長島氏らの科研費研究成果報告書では、トータルで20万人程度（推定）のデータによって「血液型と性格の関連性」が確認できたと結論づけています。その他のものも加えると、現在では少なく見積もっても、30万人程度のデータの裏付けはあると言っていいでしょう。血液型による性格の差が出ているのは、もはや単なる偶然ということでは説明できないのです。

そこで、いままでの研究成果を踏まえて、試しに2000人ほどのデータをAIで分**析してみたところ、40%を少し超える人の血液型を当てることが出来ました。**この数字は意外に小さいように思えるかもしれませんが、完全に偶然の場合の確率である4分の1（血液型はA、B、O、ABの4種類）、つまり25%よりはずっと大きく、テスト段階としては、それなりに満足できる結果だと思います。第五章をご覧ください。

意外にも、AIによる血液型推測は、性別と年齢のデータを無視すると、驚くほど正解率が低下します。これで、血液型の影響は、男女や年齢によって相当違ってくることが確認できました。AIや30万人のデータによって、血液型と性格の新しい事実が、徐々に明らかになりつつあります。

このように、血液型と性格は、まさに非常にタイムリーでホットな話題なのです。

なお、本書を上梓するに当たっては、一般社団法人ヒューマンサイエンスABOセンターのご了承をいただき、血液型と性格のパイオニアである能見正比古氏の著作から、数多くの引用と転載を行いました。本書の多くでは、能見氏の原文を「そっくりそのまま」使っています。当時の雰囲気を味わっていただくため、意図的にそうしているのです。お骨折りいただいた同センターの市川千枝子所長には、この場を借りて深く感謝を申し上げます。

2019年 8月17日

『血液型人間学』刊行の日に　著者記す

本書では、一部で敬称を省略させていただきました。
また、引用文の上下に線をひきました。

「血液型と性格」の新事実

ＡＩと30万人のデータが出した驚きの結論

目次

序章　はじめに

はじめに

血液型といえば、まっさきに性格との関連性が話題になります。その一方で、いわゆる「血液型性格診断」は完全なニセ科学だとして、頭ごなしに否定する人も少なくありません。

関連性に懐疑的な人は、「血液」の多少の違いが「性格」に影響するはずはない、そんなのは非科学的だといった強い固定観念を持っています。心理学者などの心の専門家が、繰り返し「血液型と性格の関連性」を否定してきたことも、この大きな理由でしょう。

しかし、武田知弘氏の『本当はスゴイ！血液型』を読んだ人や、能見正比古氏[★1]の『血液型人間学』を読んだ人なら、どう考えても偶然とは思えない、まさに「奇跡的」といえる数字のオンパレードを目にしているはずです。肯定派と否定派の主張の間には、いくら話し合っても乗り越えることのできない高い壁があるように見えます。

では最初に、準備体操として、誰もが気になるお金の話からはじめることにします。

大富豪の血液型

実は、最近のトップクラスのお金持ちには、ある共通点があります。

それは、みな血液型がO型だということです！

論より証拠で、最新の「フォーブス　世界長者番付２０１９」の上位10位までを見てみることにします。

【日本の血液型判明者】
1位　O型　柳井 正　２２２億ドル（ファーストリテイリング）
2位　O型　孫 正義　２１６億ドル（ソフトバンク）
5位　O型　三木谷 浩史　４８億ドル（楽天）
10位　O型？　三木 正浩　３６億ドル（ＡＢＣマート）

【血液型不明者（10位まで）】

3位　滝崎武光　4位　高原豪久　6位　森章

7位　重田康光　8位　伊藤雅俊　9位　永守重信

血液型のわかっている人だけピックアップしてみると、なんと全員がO型だったのです。ただし、三木正浩氏は確認が取れていないので「?」マークを付けてあります。日本人のO型は30・7%ですから、これらの4人全員がO型である確率は、たったの0・89%。言い換えれば、なんと110分の1の確率です。さすがに、宝くじの一等に当たるよりはずっと確実ですが、単なる「偶然の偏在」ということでは説明できないでしょう。そこで、調子に乗って上位20位までを調べてみました。

11位　O型　似鳥昭雄　35億ドル（ニトリ）

18位　O型　前澤勇作　29億ドル（ZOZO　TOWN）

上位6人全員がO型の確率は0・084%で1200分の1の確率となりました。私もいろいろ調べましたが、こんなに小さい確率は、ほとんどお目にかかったことはありません。参考までに、O型以外の血液型は、26位の福嶋康博氏（A型）のみでした。

ただ、注意しないといけないのは、血液型不明者が過半数ということです。ですから、断言するにはもう少し詳しい調査が必要でしょう。もっとも、ここまで極端だと、お金持ちにO型が多いということは、ほぼ確定だとは思いますが……。

ふと思いついて、日本だけではなく、世界の上位10位までの血液型判明者も調べてみました。

【世界の上位10位までの血液型判明者★2】
2位　O型　ビル・ゲイツ　965億ドル（マイクロソフト）
3位　O型　ウォレン・バフェット　825億ドル（バークシャー・ハサウェイ）
8位　O型　マーク・ザッカーバーグ　623億ドル（フェイスブック）
9位　O型　マイケル・ブルームバーグ　555億ドル（ブルームバーグ）
〈参考〉O型　スティーブ・ジョブズ（アップル）

アメリカ人のO型は45％、日本人のO型は30・7％ですから、これらの10人全員がO型である確率は、たったの0・0034％。言い換えれば、なんと2万9000分の1の確率です（0・45の4乗×0・307の6乗＝2万9000分の1）。こうなると、世界中の大富豪の血液型はO型ばかりなのかもしれませんね。

血液型別の金銭感覚

さて、血液型別の金銭感覚として一般的に言われているのは次のとおりです。

【O型】
確かな現実感覚を持っており、金銭の管理運用は巧み。一見、豪快に見えても、締めるべきところは締め、着実な財産形成を目指す。人間関係を形成するための支出は惜しまない。

【A型】
完全主義で、注意も行き届くので、1円のミスも気になりがち。しかし、お金は生活をエンジョイするために使うべきだと思っているので、細かく管理する割にはあまり残らない。

【B型】

何でも自分で決めるのが好きな性格なため、予算を決めるのも好きである。他人の目を気にしないため、合理的すぎてケチに見られることもある。管理は大ざっぱなことが多い。

【AB型】

きちんと社会参加ができ、安定した生活を望んでいるため、管理も運用もそつなくこなすことが多い。しかし、それほど金銭欲がないため、大きく儲けようという意欲は少ない。

（金澤正由樹『統計でわかる血液型人間学入門』）

4種類の血液型を比べてみると、お金持ちが多いのは「金銭の管理運用は巧み」なO型かなという気もします。

ところで、このフォーブスの名簿には、もう一つ全員に共通する点があります。それは、アメリカでも日本でも、すべてがベンチャー企業からスタートして、会社を大企業に育て上げた創業者だということです。ベンチャーの経営者は、単に有望な技術を持っているだけでは務まりません。高らかな理想や理念を掲げ、事業家として他人を引きつける魅力や人望が不可欠です。事業を資金面から支えるために、マネタイズの能力を持ち、金融機関やファンドとうまくつきあうことも必須条件となります。

首尾良く事業が成功を収めたときには、自社の得意分野にこだわらず、大型買収の検討や合併のタイミングの決断といった、経営上の問題を冷静に分析し、的確に判断できる能力も求められます。O型は英雄が多いとよく言われますが、そういう意味では、確かに彼ら彼女らは、現代の英雄と言えるでしょう。

次に、その代表として、多くの日本人が知っている、ソフトバンクグループ代表の孫正義氏を取り上げます。

O型孫正義氏の軌跡

ソフトバンクというと孫正義氏、そして誰もが携帯電話を連想します。しかし、日本有数の資産家である孫氏は、初めから携帯電話事業に携わっていたのではありません。

氏は、若い頃アメリカに留学したIT技術者です。彼は、最初は自ら開発した通信装置を大会社に売り込むことから始めます。それは、身一つで太閤にまで上り詰めたO型の豊臣秀吉の姿とダブります。というのは、秀吉は後の主君となるA型の織田信長に自分を売り込むことからスタートしたからです。

孫氏は、その後ソフトバンクを創業。ソフトバンクというのは、一言で言えばパソコンソフトの卸売りです。確かに、パソコンソフトというものは昔はなかったものなので、まったくの新規事業です。そして、これが現在の会社の名前にもなっています。

では、なぜ技術者から流通業に転身したのでしょう。それは、自分の夢を実現するためには、一つの技術だけに左右されない事業基盤を築くことが必要ということに気づいたからです。そこで、当時誰も目を付けていなかった、海の物とも山の物ともわからないパソコンソフトに着目しました。強烈な目的指向性、機を見るのに敏なO型らしいところです。しかし、彼の猛烈な事業欲は、ここで終わることはありませんでした。

当時、誰も成功するとは思っていなかったインターネット事業を手がけるために、孫氏はアメリカのYahoo!と提携します。まもなくYahoo!BBを開始、そして携帯電話事業に乗り出すための大型買収など、次から次へと新規事業を立ち上げ、息もつかせず会社の拡大を目指します。携帯電話事業でも、当時の日本で誰も売ろうとしなかった、アップルのｉＰｈｏｎｅに注目し、国内独占販売権を勝ち取ったのは記憶に新しいところです。最近の話題としては、サウジアラビア皇太子をスポンサーとする10兆円のベンチャーファンドの設立があります。ソフトバンクが日本を代表する大企業となっても、まだまだベンチャースピリットは健在のようです。

これ以上詳しいことはビジネス誌に譲るとして、目標達成のために数年間の事業計画を立て、それが達成されるとまた次の目標を設定し……というやり方を繰り返すのは、まさしくO型そのものでしょう。一見すると無謀で無計画なようですが、華々しい成功の裏では、しっかり採算性と事業の将来性を計算しているのです。

もちろん、すべてのO型が孫氏ではありませんし、仮にあなたがO型でなくとも、がっかりすることはありません。というのは、日米1万人を調査した大阪大学の調査[★3]では、人々の資産の額は、血液型による差はほとんどなかったからです。平均すると、どの血液型がお金持ちということはないのです。ただ、孫正義氏やビル・ゲイツ氏のように、世界や日本のウルトラトップ級になると、血液型の影響が非常に強く現れることになります。

ＡＢ型村上世彰氏の軌跡

英雄的なO型に対して趣味的と言われるＡＢ型。その代表と言えるのは、「生涯投資家」として知られている村上世彰氏でしょう。彼は孫氏とは対照的で、本人も自ら認めているように、経営者に向いているとは思えません。学校の勉強とは違って、経営者には人望が不可欠です。言っていることが正しいからといって、必ずしも物事がうまくいくわけではないのです。そこで、彼は自分で会社を経営することはあきらめ、代わりに投資家となって、経営者を監督する仕組みを生み出そうと努力します。

そして、その行動の一つとして、「村上ファンド」を創設し、ニッポン放送株の買収を企てます。この騒動で彼は一躍有名人になりましたが、結局は違法なインサイダー取引の疑いで２００６年に逮捕されてしまいました。

そういうこともあり、世間ではなんとなく彼には「悪役」のイメージがつきまとっているようです。また、彼の昔の会見を見ていても、確かに言っていることは理屈として正しいかもしれないけれど、どことなく冷たい印象を受けます。大変失礼な言い方になりますが、やはり経営者向きのタイプとは思えません。ただ、家族思いなのはいかにもＡＢ型かなという感じはします。

事件後に、彼は日本を去り、シンガポールに本拠を移したので、日本では一時忘れられた存在になっていました。しかし、最近では氏の評価がまた上昇し、著書の『生涯投資家』や『いま君に伝えたいお金の話』がベストセラーになっています。時代はめぐるということでしょうか……。

ＡＢ型の村上氏には、Ｏ型の孫氏のような人のよさ、未来へのロマン、あるいは成功した事業家によく見られる「カリスマ」や「オーラ」といった、いわゆる英雄的な雰囲気はあまり感じられません。あくまでクールに、投資対象の会社に大した思い入れもなく、多面的にデータ分析をして合理的に判断しているようです。言葉は悪いのですが、「趣味的」に投資を楽しんでいるようにも見えます。

ＡＢ型の特徴の一つに、何事にものめりこまず、客観的、合理的にデータを分析する、というのがあります。新著『いま君に伝えたいお金の話』では、そういう傾向がよく現れています。

お金を増やす近道も、魔法もない。ただひとつ。

物事を数字に置き換えて、計算式（期待値＝儲かる確率）で考える。

小さなことから数字に親しむ、数字で覚える、数字で考えるという練習を繰り返し、数字に強くなることがとても大事なのです。

それが50年間お金と仲良くしてきた僕が信じる絶対かつ唯一の方法です。

（「日本経済新聞」朝刊広告、２０１８年9月15日）


著書を読んだ限りでは、村上ファンドの設立は、ＡＢ型によくある合理性の追求や正義の実現を目指すためだったとしか考えられません。

ＡＢ型は、あくまで合理的な判断を優先するので、ベタベタした人間関係は嫌がりますし、心情的なつながりは弱いので、結果的に「人のよさ」を感じさせることは少なくなります。ＡＢ型にカリスマがあるとしても、それはその人の能力に対するもので、人格に対するものではないのです。これらが、結果的に村上氏の「悪役」の印象を強めたことは否めません。

時代は変わり、経済のグローバル化がますます進展している現在、日本にも村上氏のような合理的思考が必要になってきたようです。そういう意味では、彼は少々時代に先行しすぎたのかもしれません。

都知事に多いＡＢ型

お金の面だけではなく、政治の世界にも血液型の影響ははっきり現れています。

読者の皆さんには、首相や政治家にＯ型が多いと聞いたことがある人がいるかもしれません。これらについては第二章で詳しく説明します。それでは最初に、日本の象徴とも言える、東京都知事の例を取り上げることにしましょう。

さて、都知事のうち、現在血液型がわかっているのは、次の７人の方々です。

小池 百合子　Ａ型（在任　２０１６年―現在）
舛添 要一　Ｏ型（在任　２０１４年―２０１６年）
猪瀬 直樹　ＡＢ型（在任　２０１２年―２０１４年）
石原 慎太郎　ＡＢ型（在任　１９９９年―２０１２年）

青島 幸男　ＡＢ型（在任　１９９５年―１９９９年）
鈴木 俊一　Ｏ型（在任　１９７９年―１９９５年）
美濃部 亮吉　Ａ型（在任　１９６７年―１９７９年）

不思議なことに、Ｂ型はゼロで、Ａ型とＯ型がそれぞれ２人。そして、血液型がわかっている７人中、なぜかＡＢ型が一番多くて３人。しかし、ＡＢ型は日本人で最も少ない血液型で、その割合はたったの９・４％、つまり10分の１以下なのです。それが、日本の首都の顔ともいえる、都知事の半分近くを占めるというのは、「単なる偶然」という一言で片付けることはできないですよね。では、こんなことが起きる確率はどのぐらいなのでしょう？

残念なことに、この問題は単純な方法では解けません。数値を正確に計算するためには、少々専門的になりますが「カイ２乗検定」という統計的な分析が必要になります。面倒な計算は省いて、結果だけ示しておくと、この確率[★4]pは１・８％です。つまり50分の１以下となり、かなり小さな数字です。確率統計では、この確率が５％未満だと偶然ではないとみなします。たった７人でこの確率ということは、ほとんどありえない出来事が起きたということです。

では、なぜAB型が多いのでしょう？

現在の都知事には、地方の政治家というよりは、理想を高く掲げる「スター」的な雰囲気が漂っています。つまり、その人がいると希望が湧いてくるとか、周りが明るくなるような人柄が求められるのです。これも言い方は悪いのですが、日本最大の「人気投票」といってもいいでしょう。こういう場合にはAB型とA型が強くなります。

ここでは、血液型と性格のパイオニアである、能見正比古氏の『血液型政治学』から説明を拝借します。

私は、スター性という問題が、政治学の新しい課題になると思っている。情報化時代に特有なもので、カリスマ性とも、やや異質である。そして、AB型のスター性は、このようにアイドルスターのそれに近い。O型やB型のスターのように人間性が浸透した結果、高揚するといった時間のかかるものではない。イメージによって瞬間に沸き起こる。それは人間性を詮索して好悪を決めるものではなく、逆に人間臭くない方がいいのだ。AB型は人間臭さの強度では、一番淡い。それが逆に、

このようなスター性を生むのであろう。（226頁）

東京都知事とキャラクターは大きく違うのですが、同じ傾向はＡＢ型が多いアメリカ大統領にも共通します。アメリカ人のＡＢ型は日本のほぼ半分の4％ですから、人口比では都知事よりさらにＡＢ型が突出しているのです。もう少し詳しい分析は、第二章で行います。

血液型と性格は関係する？

では、なぜこんな偶然とは思えない奇跡的なことばかり起こるのでしょうか。それは、血液型は、体質や性格と明らかに関連していることがわかってきたからです。

もっとも、前者の「体質」については、O型は出血しやすいとか、A型はがんに弱いとか、次々と論文が発表されて、関連性は科学的に実証されつつあります。

しかし、後者の「性格」について必ずしもそうではありません。その理由は、武田氏が著書『本当はスゴイ！　血液型』で述べているとおりです。私もまったく同感ですので、この本の「あとがき」から引用しておきましょう。


本書の本当のねらいは、問題提起です。

こんなに異常値が出ているのだから、専門家の方々、いつまでも逃げていないで、きちんと本格的な調査をしてください、という話です。

本書では、わかりやすい「血液型の偏在」の例をいくつも取り上げています。

確率統計を少しでも学んだ人であれば、「**絶対にありえない確率**」が何度も出てきていることに気づくはずです。（196頁）

しかし、残念なことに、まだそういう本は出ていないようです。そこでトップバッターとして、とにかく打席に立ってみたのがこの本なのです。

★1　１９７１年に出版した『血液型でわかる相性』がベストセラーとなり、続いて１９７３年に『血液型人間学』を出版し、こちらも大ヒット。日本中に血液型の大ブームを巻き起こす。現在の血液型別の性格は、ほとんど彼の説がベースとなっているといっても過言ではない。１９２５年生、１９８１年没。

★2　ビル・ゲイツ氏は、以前来日したときに記者団に血液型を問われ「Ｏ型」と答えた（出典は未確認）。ウォレン・バフェット氏、マーク・ザッカーバーグ氏、スティーブ・ジョブズ氏の血液型は Answers.com による。マイケル・ブルームバーグ氏の血液型は、CBS New York の２０１１年３月９日付けの記事の写真に、Ｏ型であることを示す「青」の血液パックが写っていたため。

★3　大阪大学21世紀ＣＯＥ・池田新介・大竹文雄・筒井義郎「選好パラメータアンケート調査」（２００４年度日本）ＳＲＤＱ事務局編「ＳＲＤＱ─質問紙法にもとづく社会調査データベース〈http://srdq.hus.osaka-u.ac.jp〉」ほか

★4　確率統計で、その現象が偶然に起きたのかどうかを判断するための根拠となる数値で、危険率ｐと呼ばれる。普通は、この数値が５％未満の場合に、偶然ではない「有意」な差（有意差）があるとされる。血液型の場合は、「２項分布」「カイ２乗検定」「Ｆ検定」などがよく使われる。

まとめ

・日本だけではなく、世界のトップクラスのお金持ちは０型ばかりである。
・それは、ベンチャー企業を大会社に成長させた創業者に０型が多いからである。
・０型は、リスクを取って投資し、事業をマネタイズする能力が高いようだ
・ただし、平均的な人で調査すると、お金持ちかどうかに血液型は関係していない。

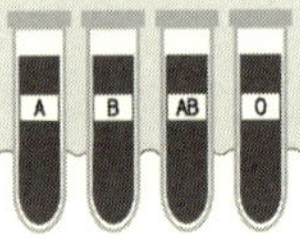

【コラム】血液型ジョーク

能見正比古

あいさつにも血液型の差がある。B型のわたしは、ふりかえってみると、親しい相手に開口一番、「メシ、食った？」と聞くことが多い。そういえば、B型の多い中国でも「おいしい食事をしたか？」が、あいさつの言葉であると、昔、聞いたことがある。A型の多い日本では、時候や天気があいさつになるのは、周囲や環境の状況を気にするA型性といえるかもしれない。

O型の友人たちに、つぎのようなことを、よく言われる。

「おい、どのくらい稼いだ？」

「本、売れたってネ。印税いくら入った？」

育ちの悪い連中だけではないのだ。大学時代の親友で、役所の、それも本省の局長を務める相手からも、堂々と聞かれる。

金銭や他人の収入は、だれにも関心の的である。だが、なんとなく言いづらいのがふつう。A型がそれを言うときは、皮肉のケース。B型は別の好奇心がつのったばあい。

【コラム】血液型ジョーク

ストレートで率直なO型は、包み隠さないだけなのだ。

わが家にO型の東大生が遊びにきた。良家の若者。大学ではブラスバンドのメンバー。

たまたま血液型を検査する血清を入手したところだった。わたしの娘が、検査の練習台を求めていたが、だれも耳を切られるのをいやがって、応ずる者がない。いいカモが来たとばかり娘は彼を試験台にした。

「やっぱり、O型だわ」

娘が結果を述べると、O型クンは、ていねいに頭を下げた。

「タダで検査してくれて、ありがとう」

（1980年9月号）

第一部　統計とＡＩで見る血液型と性格

第一部のはじめに

いよいよ本題である統計の話に入ります。読者の皆さんには、サッカー選手にはB型が少ないとか、ホームラン王にはA型が少ないという情報を聞いたことがある人がいるかもしれません。武田知弘氏の『本当はスゴイ！血液型』にはこうあります。

スポーツ選手の間では、**血液型によって得意不得意がある**ということが昔から言われてきました。あるスポーツの上位選手は、特定の血液型が独占状態になっていることは、スポーツ雑誌などでもたびたび取り上げられます。そういう現実が、「血液型と性格の関連性」についての世間の興味をより広めたといえます。（21頁）

ちなみに、日本人の血液型は、A型38・1％、O型30・7％、B型21・8％、AB型9・4％です。武田氏は、「確率的に言っても、**とても偶然では片づけられない**異常値を示している」（22頁）とまで言い切っています。ここでは、少し違った視点からデータを見ていきましょう。

第一章　スポーツと血液型

サッカーはB型が目立たない

現在、日本で最も人気があるスポーツはサッカーですが、選手に血液型は影響するのでしょうか。次の表は、拙著『B型女性はなぜ人気があるのか――30万人のデータが解く血液型の謎』や、武田知弘氏の『本当はスゴイ！　血液型』にも紹介されていたサッカーのＪ１の通算得点です。２０１８年末の通算得点でも、武田氏が指摘するように、やはり20位までにはB型が一人もいません！

日本人のB型は21・8％です。偶然に20人の日本人全員がB型でない確率は、わずか0・73％と１４０分の１。これまた奇跡的な確率と言っていいでしょう。

Jリーグ通算得点ランキング 2018 年末

順位	血液型	選手名	点数
1	A	大久保　嘉人	184
2	A	佐藤　寿人	161
3	O	中山　雅史	157
4	AB	前田　遼一	154
5	A	マルキーニョス	152
6	A	三浦　知良	139
7	O	興梠　慎三	134
8	O	ウェズレイ	124
9	O	ジュニーニョ	116
10	O	エジミウソン	111
11	O	柳沢　敦	108
12	AB	遠藤　保仁	102
13	A	藤田　俊哉	100
14	AB	玉田　圭司	99
15	O	城　彰二	95
16	AB	武田　修宏	94
16	A	森島　寛晃	94
16	A	久保　竜彦	94
19	A	豊田　陽平	94
20	O	小林　悠	93

O8 A8 B0 AB4　　Jリーグ公式サイト より

日本国内の試合だけではなく、海外での試合も調べてみましょうか。42頁にＦＩＦＡワールドカップの日本代表選手全員（１９９８—２０１８年）の血液型のグラフを示しておきます。さすがにＢ型がゼロということはありませんが、やはり４つの血液型中19人と最も少なくなっています。

しかし、調べてみて驚いたのは、通算得点では、なんとＢ型は「ゼロ」だということです。

1位	Ｏ型	10点
2位	ＡＢ型	6点
3位	Ａ型	4点
4位	Ｂ型	0点

びっくりするようなこの結果は、セルビア人のスポーツトレーナーで血液型研究家でもあるSlobodan Petrovski氏の著書（市川千枝子氏との共著）に紹介されています。[★1] この本には、過去の日本のワールドカップでの代表的なフォーメーションが図解されていま

ワールドカップ代表選手ランキング
男子全選手(1998-2018)　延人数

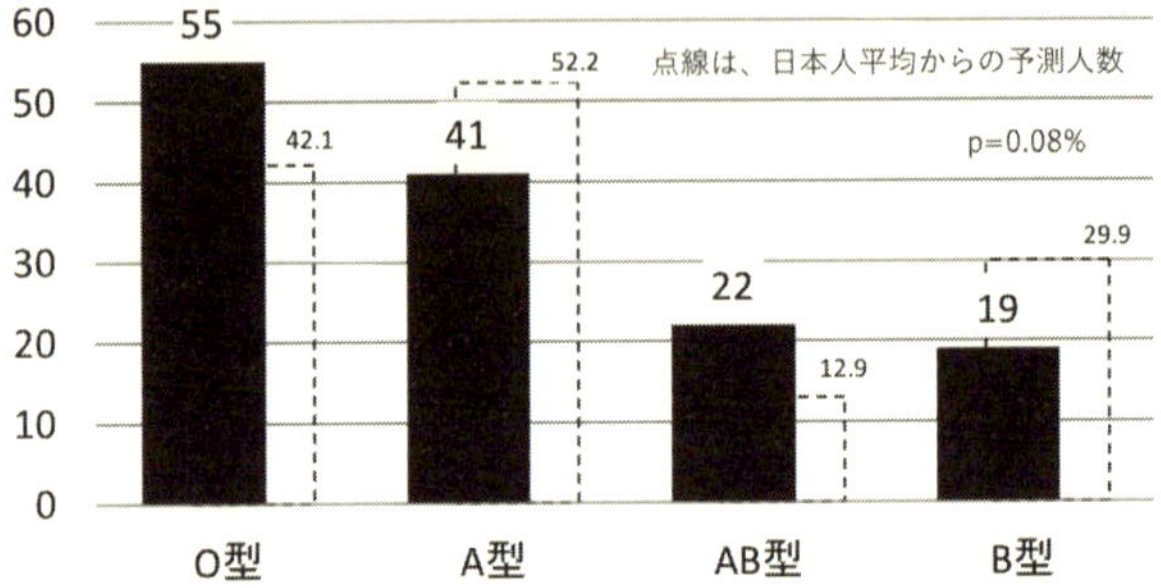

☞O型が１位だが、人口比ではAB型も健闘

ワールドカップ代表選手ランキング
女子全選手(1991-2019)　延人数

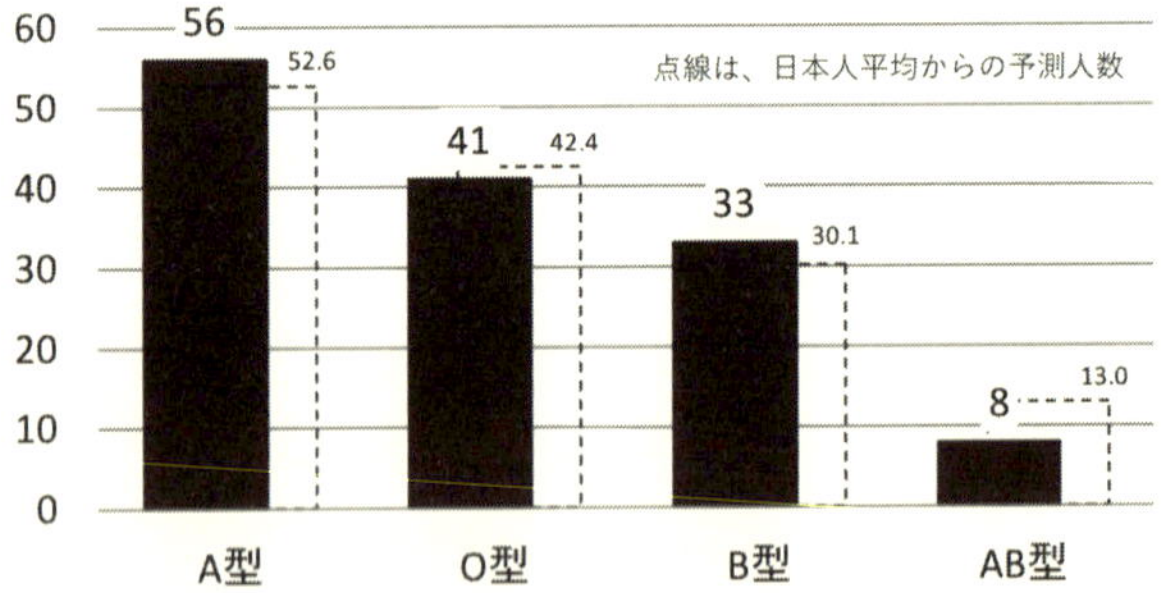

☞日本人平均とほぼ一致する

すが、確かにB型は得点を取りやすいようなポジションにはいないようです。これでは得点が難しいでしょう。

『本当はスゴイ！ 血液型』では、女子サッカーのデータも紹介されています。こちらは、「ほぼ日本人の血液型分布どおりの結果」（106頁）とあるので、最新のデータを調べてみないといけませんね。FIFAワールドカップ代表選手「なでしこジャパン」全員の血液型の人数を42頁のグラフに示しておきました。男子とは対照的に、多い順にA型、O型、B型、AB型となり、やはり日本人の血液型分布どおりの順となっています。

理由は、女子のサッカー人口が男子に比べると極端に少ないからでしょう。日本サッカー協会（JFA）の調査によると、2018年度の日本のサッカー選手登録数は88万9956人で、女子はその中でたったの2万8765人です。割合にすると、女子は全体のわずか3％に過ぎないことになります。3万人足らずの女子サッカー人口で「偶然では片づけられない偏在」が起こるのは、男子の例から考えると相当可能性は低いというしかありません。

もう少し詳しく説明しましょう。

現在、私の手元には、心理学者がＪ１選手全員の血液型を調べたところ、何の特徴も見られなかったという報告があります。★2 Ｊ１に登録されている選手は何人かというと、２０１９年2月1日現在では５７１人です。つまり、男子サッカー人口の90万人足らずを母数にして、そのなかからトップクラスの選手６００人ほどを選んでも、血液型には何の特徴も見られなかったことになります。それが、ワールドカップ代表選手のように、毎回20人ほどの日本の最精鋭メンバーを選ぶことになると、やっとB型が少ないといった血液型の差が現れて来るのです。

繰り返しになりますが、女子のサッカー人口は約3万人で、男子の3％ほどです。これは、男子サッカー人口の90万人弱からＪ１の５７１人を選ぶこととほぼ同じ割合です。ということは、ＦＩＦＡワールドカップ女子代表選手「なでしこジャパン」の血液型が日本人平均と変わらなくとも、特に不思議ではないということになります。

B型が強い男子フィギュアスケート

サッカーとは逆に、B型が多いスポーツもあります。意外だと感じられるかもしれま

1位	B型	宇野 昌磨	1371.24点
2位	O型	田中 刑事	1182.49点
3位	B型	無良 崇人	1000.38点
4位	AB型	日野 龍樹	848.42点
5位	B型	友野 一希	675.22点
6位	B型	村上 大介	647.59点
7位	O型	山本 草太	630.22点
8位	O型	佐藤 洸彬	580.97点
9位	B型	羽生 結弦	537.22点
10位	B型	小塚 崇彦	474.50点

せんが、それは男子フィギュアスケートです。上の数字は、２０１４年から２０１８年までの過去５年間の全日本フィギュアスケート選手権で、１回でも10位以内に入った選手の合計点数を調べてみたものです。

日本人のA型は38・1％ですから、上位入賞した10人全員がA型でない確率は、たったの0・83％。言い換えれば、１２０分の1の確率ですから、どう考えても「偶然」ではなく、かなりまれな出来事といっていいでしょう。

過去5年間に10位以上に入賞したA型は、のべ人数で６人しかいませんし、そのほとんどが1回限りで、B型が安定して何回も入賞しているのとは対照的です。

もっとも、記憶力のいい人だったら、織田信成は祖先の織田信長と同じでA型だったんじゃないのかと文句を言うかもしれません。そこで、2000年からのトップ3の血液型を調べたのが次の表です。

全日本フィギュアスケート選手権　男子トップ3

年	1位	2位	3位
2000	本田武史　AB	田村岳斗　A	竹内洋輔　?
2001	竹内洋輔　?	田村岳斗　A	岡崎　真　?
2002	本田武史　AB	田村岳斗　A	中庭健介　O
2003	田村岳斗　A	岸本一美　?	髙橋大輔　A
2004	本田武史　AB	中庭健介　O	織田信成　A
2005	髙橋大輔　A	織田信成　A	中庭健介　O
2006	髙橋大輔　A	織田信成　A	**南里康晴　B**
2007	髙橋大輔　A	**小塚崇彦　B**	**南里康晴　B**
2008	織田信成　A	**小塚崇彦　B**	**無良崇人　B**
2009	髙橋大輔　A	織田信成　A	**小塚崇彦　B**
2010	**小塚崇彦　B**	織田信成　A	髙橋大輔　A
2011	髙橋大輔　A	**小塚崇彦　B**	**羽生結弦　B**
2012	**羽生結弦　B**	髙橋大輔　A	**無良崇人　B**
2013	**羽生結弦　B**	町田　樹　O	**小塚崇彦　B**
2014	**羽生結弦　B**	**宇野昌磨　B**	**小塚崇彦　B**
2015	**羽生結弦　B**	**宇野昌磨　B**	**無良崇人　B**
2016	**宇野昌磨　B**	田中刑事　O	**無良崇人　B**
2017	**宇野昌磨　B**	田中刑事　O	**無良崇人　B**
2018	**宇野昌磨　B**	髙橋大輔　A	田中刑事　O

☞下線はA型、太字はB型

全日本フィギュアスケート選手権　女子トップ３

年	１位		２位		３位	
2000	村主章枝	AB	荒川静香	O	恩田美栄	O
2001	村主章枝	AB	荒川静香	O	安藤美姫	A
2002	村主章枝	AB	恩田美栄	O	荒川静香	O
2003	安藤美姫	A	村主章枝	AB	荒川静香	O
2004	安藤美姫	A	**浅田真央**	**B**	村主章枝	AB
2005	村主章枝	AB	**浅田真央**	**B**	荒川静香	O
2006	**浅田真央**	**B**	安藤美姫	A	中野友加里	O
2007	**浅田真央**	**B**	安藤美姫	A	中野友加里	O
2008	**浅田真央**	**B**	村主章枝	AB	安藤美姫	A
2009	**浅田真央**	**B**	鈴木明子	A	中野友加里	O
2010	安藤美姫	A	**浅田真央**	**B**	村上佳菜子	A
2011	**浅田真央**	**B**	鈴木明子	A	村上佳菜子	A
2012	**浅田真央**	**B**	村上佳菜子	A	**宮原知子**	**B**
2013	鈴木明子	A	村上佳菜子	A	**浅田真央**	**B**
2014	**宮原知子**	**B**	本郷理華	O	樋口新葉	A
2015	**宮原知子**	**B**	樋口新葉	A	**浅田真央**	**B**
2016	**宮原知子**	**B**	樋口新葉	A	三原舞依	A
2017	**宮原知子**	**B**	**坂本花織**	**B**	紀平梨花	O
2018	**坂本花織**	**B**	紀平梨花	O	**宮原知子**	**B**

☞下線は A 型、太字は B 型

昔はA型が多かったのですが、２００６年からB型が増え始めて、現在はB型の独占状態であることがはっきりします。やはり、最近はB型が優位なことには変わりありません。なぜか、女子には男子ほどの血液型の偏りはないようですね。

こうなると、B型の男子選手がどんな感じなのか気になりませんか。ABOセンターのブログ「ABO記」がうまく特徴を捉えているので、文章を拝借させていただきます。


B型は、難しいことに挑戦するのが好きな人たちです。

「そんな事は絶対無理だろう」と言われると、「ヨシ、ならやってやろうじゃないか」と、ムラムラと燃えてくるという、ある意味……、ここではまったく良い意味での、アマノジャク性を発揮するという性分があるのです。

今回、大怪我をした羽生選手は、図らずも実にB型らしい発言をしてくれました。

「逆境は嫌いじゃない」

そうなんです。彼は、壁が立ちはだかった時、それをどうやって乗り越えるかを工夫したり、挑戦したりするのを、楽しめる人なのです。

羽生選手がフリーを滑り終えた後、右足首をそっと両手で包み込む姿がありました。

「頑張ってくれてありがとう」

自分の足にそういったのだそうです。

今回の出場は不可能と危ぶまれた大怪我からの、奇跡のような復活。こうした怪我の回復の早さもB型体質にはあり得ることで、やはり心身ともに持ち合わせているしなやかさあってのことではないかと思えます。

プロ野球の強打者はO型

プロ野球の打撃では、O型が圧倒的に強く、次いでB型です。これに対して、相撲は最上位の横綱にA型が目立ちます。どちらも過去の傾向と変わらないので、能見正比古氏の解説に耳を傾けてみることにしましょう。

血液型は、生物の体質気質型です。当然、体質が大きくものをいう体育スポーツ界に、顕著な影響を現しています。その上、スポーツは、演出やごまかしのない世界です。血液型による生まれながらの素質が、そのまま現れやすいのも当たりまえでしょう。

大衆的人気の最も高い野球では、そのポジションやプレー内容ごとに、いろいろな血液型の特色が現れますが、ことにプロ野球の打撃部門に著しい差がみられます。中でも、ロング・ヒッター、ホームラン王でのO型とB型の多さは、目をみはるものがあります。

次の表は、ホームラン王・王貞治のような超弩《ど》級もいますが、それにしてもO型の優勢は、プロ野球一軍選手の血液型分布と比べても、驚くほかありません。※参考として、打撃三部門の獲得者数を掲げました。ここでは、A型に、うまい確実な打者が増えてきますが、やはり全体としてO型とB型の優勢は、動きません。A型は投手などに優秀選手が多いのですが、この打撃部門は、全く劣勢ですね。

（能見正比古『血液型と性格ハンドブック』を微修正）

※グラフでわかるように、韓国でも日本と同じでO型が強いようです。韓国人のO型は28％で、A型の34％より少ないため、日韓ともにO型が優勢である傾向は変わりません。

日本ホームランランキング 2018 年末

順位	血液型	選手名	本数
1	O	王貞治	868
2	B	野村克也	657
3	B	門田博光	567
4	B	山本浩二	536
5	O	清原和博	525
6	O	落合博満	510
7	O	張本勲	504
7	O	衣笠祥雄	504
9	O	大杉勝男	486
10	O	金本知憲	476
11	A	田淵幸一	474
12	O	土井正博	465
13	?	T．ローズ	464
14	B	長嶋茂雄	444
15	O	秋山幸二	437
16	AB	小久保裕紀	413
17	O	中村紀洋	404
18	A	山崎武司	403
19	A	阿部慎之助	399
20	A	山内一弘	396
(7)	O	松井秀喜	507

O10 A4 B4 AB1 松井は大リーグ通算

韓国ホームランランキング 2018 年末

順位	血液型	選手名	本数
1	B	イ・スンヨプ	467
2	O	ヤン・ジュンヒョク	351
3	A	チャン・ジョンフン	340
4	O	イ・ホジュン	337
5	O	イ・ボムホ	328
5	A	シム・ジョンス	328
7	O	パク・キョンワン	314
8	A	ソン・ジマン	311
9	A	チェ・ジョン	306
10	AB	キム・テギュン	303
11	A	パク・チェホン	300
12	A	イ・デホ	296
13	A	チェ・ヒョンウ	285
14	B	キム・ドンジュ	273
15	AB	マ・ヘヨン	260
16	B	パク・ビョンホ	253
17	O	イ・マンス	252
18	O	キム・ギテ	249
19	B	カン・ミンホ	240
20	AB	パク・ソクミン	225

O6 A7 B4 AB3

☞韓国は、
O 型 28%、A 型 34%、B 型 27%、AB 型 11%
のため、人口比ではO型が最多。

日本打撃三部門ランキング　2018年末

血液型人間学のエッセンス(2017)ほか　獲得回数

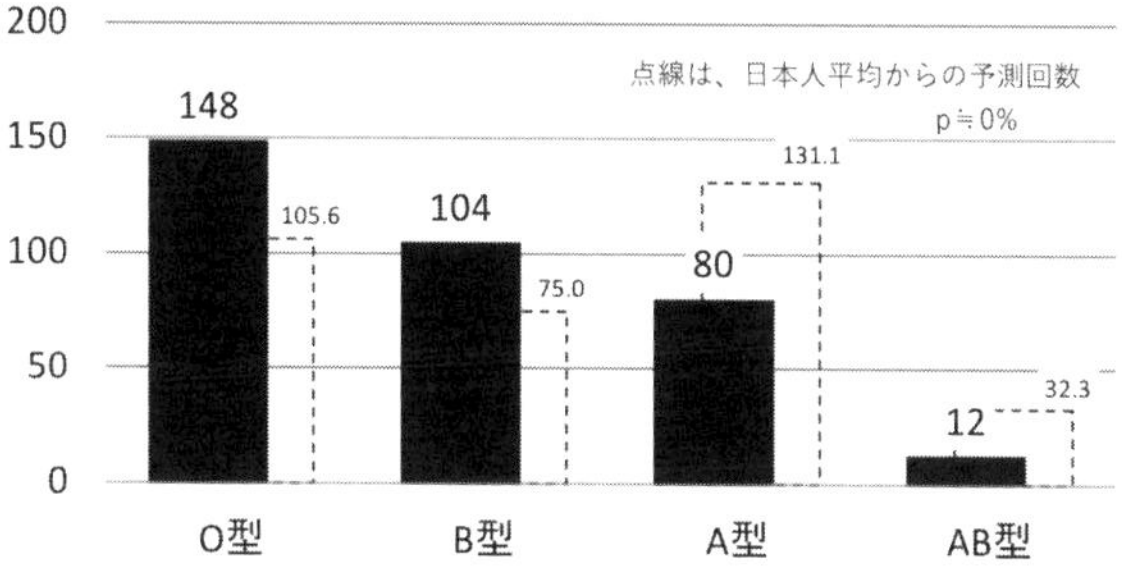

☞日本はO型が1位

韓国打撃三部門ランキング　2018年末

B型女性はなぜ人気があるのか(2016)ほか　獲得回数

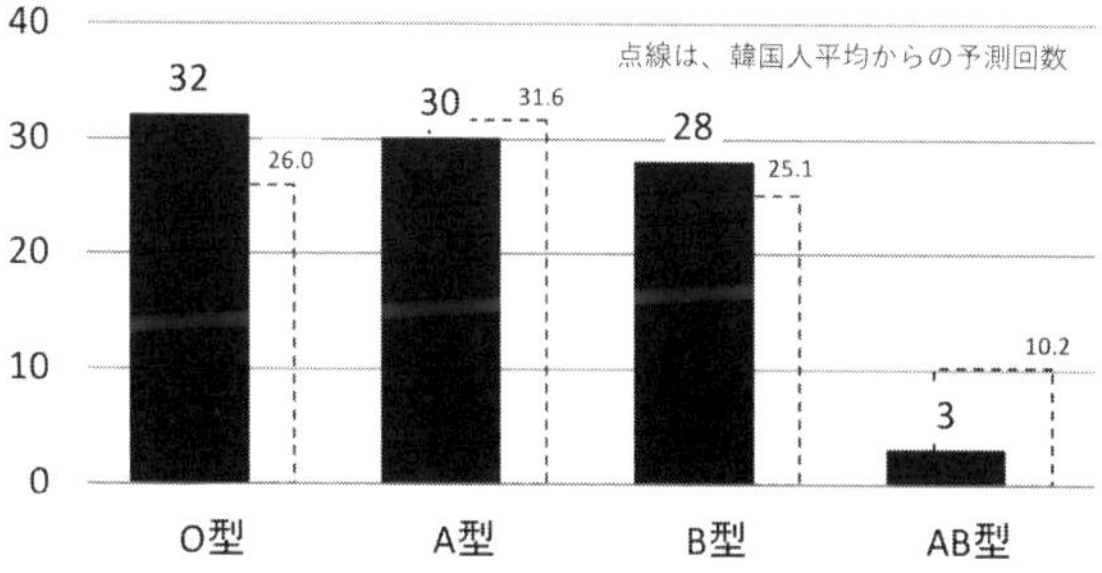

☞韓国もO型が1位

O型は、瞬発的な集中力に優れるのとタイミングをとる巧さとで、どのスポーツ部門でも目立っています。B型の場合は、思いきりのいい大胆さでしょう。逆にA型の場合は、チームプレーに徹する気質が、個人成績にブレーキをかけるのかもしれません。

プロゴルファーを眺めてみても、ロング・ドライバーや距離を競うドラコンの優勝者などにO型、B型が目につくのも、野球のバッティングと相通ずるものがあるのかもしれず、今後のスポーツサイエンスの考察を要する問題です。

打撃面はO型とB型ですが、守備や投手では、むしろA型が優秀なようにも見えます。プロのスポーツという職業形態が、O型気質に適《かな》うという考え方もできそうです。

大相撲に強いA型

ところが同じプロスポーツでも、日本伝統の国技、大相撲になると様子が一変します。次の表は、昭和初期からの横綱の血液型の名簿です。プロ野球と打って変わって、A型の著しい優勢ぶりと、O型の驚くほどの少なさが目につきます。B型は、まあ日本人の平均並みですが、強い横綱、あるいは人気抜群の力士がいる点では、かなりO型をしのぐといえましょう。

数字は、大相撲の上位力士は、現在の力士育成の状況では、はっきりA型が有利と出ています。※A型のどこが一番有利なのでしょう。

相撲は、瞬間的な勝負ですが、実は〝地力〟と呼ばれる安定力、受けたり支えたりする防衛力が、他の分野以上に必要なスポーツです。その地力を作るため、シコを数百回とか鉄砲を千回とか、うんざりするような単調な練習に耐えぬかなければなりません。こうした黙々たる努力、辛抱強さと、体質的にも受ける力の強さが、全くA型の特色的傾向なのです。また現在の相撲は型を重視し、型を身につけた力士が負けにくくなります。型やセオリーを重視し、型に自分をはめこみやすいA型の特色は、他の分野でも目立つところです。

(能見正比古『血液型と性格ハンドブック』を微修正)

※ただし、J1や女子サッカーの日本代表選手と同じで、やはり力士全体では血液型の差は見られません。★3

横綱の血液型

2019年5月現在

O型	A型	B型	AB型
8人	16人	9人	2人
千代山	玉錦	羽黒山	玉の海
鏡里	双葉山	前田山	北の湖
北の富士	照国	若乃花（初代）	
隆の里	栃錦	柏戸	
曙	朝潮	大鵬	
貴乃花	栃ノ海	琴桜	
朝青龍	佐田の山	旭富士	
日馬富士	輪島	若乃花（3代目）	
	若乃花（2代目）	稀勢の里	
	三重ノ海		
	千代の富士		
	北尾		
	北勝海		
	武蔵丸		
	白鵬		【不明】
	鶴竜		大乃国

『血液型人間学のエッセンス』（2017）ほか

ゴルフは男子と女子で対照的

ゴルフは、男子も女子もB型が目立っています。細かいことをいうと、男子はO型も強いのですが、女子ではA型の多さが際立っています。

生涯獲得賞金ランキング上位20位までを見ると、男子ではB型とO型が同数の1位で、それぞれ7人です。これは、O型とB型はスポーツに強い傾向とも一致します。性格もさることながら、運動神経や筋力も血液型による違いがあるのでしょうか。一方、女子ではA型やAB型が増え、O型が激減しています。このように男女の血液型が対照的なのには、それぞれのゴルフの特徴が理由として考えられます。

男子では、昔からずっと「技術」を最重要視しているようです。B型は凝り性で、数字にもうるさく、「技術の鬼」という言葉がぴったりあてはまります。だから、ゴルファーにB型が多いのは納得できるものがあります。男子でB型が強いのは、たぶんそういうことなのでしょう。

女子は、顧客である「ファン」と「スポンサー」を重視していて、男子と違って技術一辺倒ではありません。プレーヤーにこの方針を徹底するため、きちんと選手に研修や教育も行ったとのこと。その具体例として、サイン会や写真の撮影会などのファンサービスを代表とする多くのイベントを開催しています。ギャラリーのファンだけではなく、テレビ観戦のファンサービスも怠りはありません。見栄えのするゴルフウェアの着用は言うまでもなく、コースのセッティングも、テレビ向けを考えているそうです。女子ツアーは営業的に好調ですが、こういう地道な取り組みが功を奏したからというのが関係者の見方とのことです。

A型女性は、サービス精神にあふれていて、実によく気がつきます。こうなると、A型が女子に多い理由もわかるような気もしますね。

【参考文献】rinokam「トーナメントの疑問~男子ツアーと女子ツアーの違い~」2015年8月11日付ゴルフィー (http://www.golfy.co.jp)

プロゴルファー生涯獲得賞金　2018 年末

血液型	男子選手名	順位	女子選手名	血液型
B	尾崎　将司	1	不動 裕理	A
B	片山　晋呉	2	李 知姫	B
O	中嶋　常幸	3	全 美貞	A
O	谷口　徹	4	アン ソンジュ	B
B	尾崎　直道	5	横峯 さくら	AB
A	藤田　寛之	6	福嶋 晃子	O
O	池田　勇太	7	大山 志保	B
O	宮本　勝昌	8	申 ジエ	A
O	谷原　秀人	9	イ ボミ	A
A	B・ジョーンズ	10	涂 阿玉	A
A	手嶋　多一	11	上田 桃子	A
AB	倉本　昌弘	12	肥後 かおり	A
O	伊澤　利光	13	具 玉姫	O
B	青木　功	14	服部 道子	B
A	小田　孔明	15	テレサ・ルー	A
B	近藤　智弘	16	吉川 なよ子	A
B	金庚泰（キムキョンテ）	17	塩谷 育代	A
O	石川　遼	18	木村 敏美	AB
A	宮里　優作	19	森口 祐子	A
B	鈴木　亨	20	有村 智恵	O

男子 O7 A5 B7 AB1　　女子 O3 A11 B4 AB2

日本ゴルフツアー機構 日本女子プロゴルフ協会 ほか

プロゴルファー通算優勝回数　2018年末

血液型	男子選手名	順位		女子選手名	血液型
B	尾崎　将司	1		樋口 久子	O
B	青木　功	2		涂 阿玉	A
O	中嶋　常幸	3		不動 裕理	A
B	尾崎　直道	4		大迫 たつ子	O
B	片山　晋呉	5		岡本 綾子	B
AB	倉本　昌弘	6		森口 祐子	A
O	杉原　輝雄	7		吉川 なよ子	A
O	池田　勇太	8		アン ソンジュ	B
O	谷口　徹	9		全 美貞	A
A	中村　通	10		福嶋 晃子	O
?	G・マーシュ	11		具 玉姫	O
A	藤田　寛之	11		横峯 さくら	AB
O	伊澤　利光	13		李 知姫	B
O	鈴木　規夫	14		イ ボミ	A
B	尾崎　健夫	15		塩谷 育代	A
B	石川　遼	16		申 ジエ	A
A	B・ジョーンズ	17		大山 志保	B
O	谷原　秀人	18	17	服部 道子	B
O	藤木　三郎	19	17	日蔭 温子	B
B	D・イシイ	20	17	平瀬 真由美	B

男子 O8 A3 B7 AB0　　女子 O4 A8 B7 AB1

日本ゴルフツアー機構 日本女子プロゴルフ協会 ほか

水泳は競技によって変わる

女子シンクロナイズドスイミング（アーティスティック・スイミング）にB型が少ない理由は、あえて説明するまでもないでしょう。水泳は基本的に個人で競いますが、シンクロは他の選手と演技をぴったり合わせないといけない団体競技だからです。ここで、水泳選手には元々B型が少ないかもしれないという疑問が湧くかもしれません。次頁のグラフは、リオ・デ・ジャネイロオリンピック出場選手ですが、調べてみても、むしろB型の水泳選手は他の血液型より多いぐらいです。

このように、同じ種目でも、個人競技か団体競技かで、多数となる血液型が違ってきます。優秀な水泳選手にはB型が少なくないのですが、女子シンクロではB型が極端に少ない。やはり、B型は個人種目で力を発揮するということですね。現在、女子シンクロのコーチは井村雅代さんですが、血液型を選手の指導に活用していると聞いていますが（彼女の血液型は不明です）。それがリオ五輪の好結果につながったのかもしれません。2018年FIFAワールドカップの西野朗監督も血液型を活用しているらしいので、ロシア大会の好成績には、血液型も一役買っているのでしょうか。

女子シンクロ・オリンピック代表選手　1992-2016 年

O型	A型	B型	AB型
8人	9人	2人	6人
奥野　史子	小谷実可子	石黒由美子	酒井麻里子
立花　美哉	神保　れい	**藤井　来夏**	**中村　麻衣**
武田　美保	青木　　愛		**三井梨紗子**
原田　早穂	松村亜矢子		**吉田　胡桃**
鈴木絵美子	橘　　雅子		中牧　佳南
藤丸　真世	小林　千紗		丸茂　圭衣
乾　友紀子	**箱山　愛香**		
足立　夢実	糸山　真与		
	林　　愛子		

太字は２回

『B型女性はなぜ人気があるのか』(2016)　ほか

☞B型が少ない
うちメダル獲得に限定すると
O5 A2 B1 AB4 → χ^2=10.23, p=0.0167

2016 年　リオ五輪水泳選手のランキング

ヒューマンサイエンス ABO センター調べ（2016）

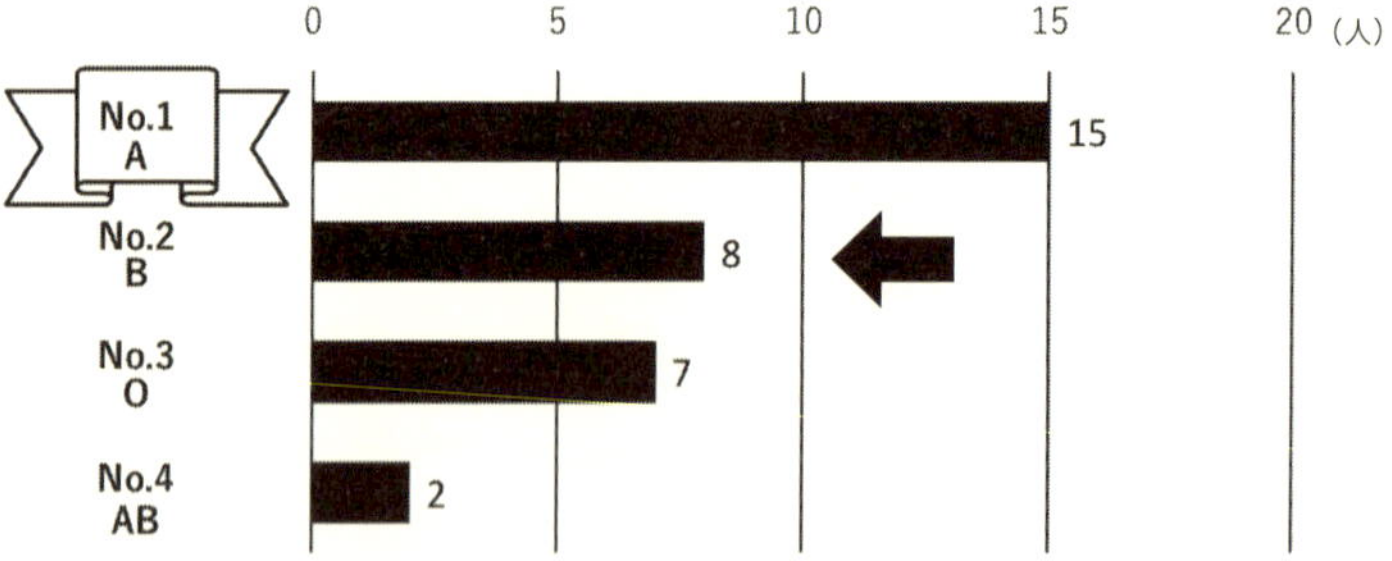

☞O型が1位でB型も堂々の2位

女子カーリング・オリンピック代表選手　2002-2018 年

O型	A型	B型	AB型
1人	5人	4人	3人
藤澤　五月	**小野寺　歩**	**石崎　琴美**	林　　弓枝
	本橋　麻里	目黒　萌絵	山浦　麻葉
太字は2回以上	近江谷杏菜	寺田　桜子	小野寺佳歩
	吉田知那美	米地美智子	
	吉田夕梨花		

『B型女性はなぜ人気があるのか』(2016)　ほか

☞ O 型が少ない

O型が少ないカーリング

2018年の流行語となった「そだね」や「もぐもぐタイム」で有名な、ロコ・ソラーレ北見所属の藤澤五月選手はO型です。意外なことに、血液型がわかっている選手の中で、O型なのは彼女1人だけです。

カーリングを見ていると、サッカーなどの球技のように、目に見える目標に向かってまっしぐら……とは逆のようで、毎日熱心に技を磨いた結果として上位入賞を狙うことになります。地道で単調な練習も必要な競技でしょうから、ストレートな目標突進型のO型が少ないのかもしれません。詳しいことは、今後の分析を待ちたいと思います。

もっとも、ここでまた疑問があるかもしれません。カーリングはチームワークが大切なはずなのに、なぜかB型選手も日本人の平均ぐらいいるのです。これまでの「団体競技」ではB型が少ないという私の説明とは矛盾するのではないかと……。

統一的な説明が可能に

確かに、いままでは、これらの一見矛盾する傾向を説明することはできませんでした。しかし、私の仮説では、これらのB型の人数の多い少ないを、かなり統一的に説明することが可能になるのです。

まず、シンクロナイズドスイミングですが、この種目は「日本選抜」でチームを編成するため、選ばれた選手は短期間で相手に合わせる必要があります。

スケジュールを調べてみると、リオ・デ・ジャネイロオリンピックの選手選考委員会は2016年3月15日。オリンピックの本番は8月です。ということは、毎日猛練習をするとしても、たった半年足らずの短期間のうちにナショナルチームの一体感を創り出さなければならないことになります。

スポーツの種目とＢ型の割合

スポーツ種目	種類	流動性	競技人口	Ｂ型
プロ野球（打撃）	個人	－	多	高
男子フィギュアスケート	個人	－	少	高
大相撲	個人	－	少	中
プロゴルファー（男子）	個人	－	多	高
プロゴルファー（女子）	個人	－	多	中
水泳	個人	－	多	中
女子カーリング	団体	小	少	中
サッカー日本代表（男子）	**団体**	**大**	**多**	**低**
サッカー日本代表（女子）	団体	大	少	中
シンクロ日本代表（女子）	**団体**	**大**	**少**	**低**

Ｂ型の割合が低い種目（太字）は、
①競技人口が多い団体競技
②女子シンクロのように協調性が最重要な競技である。

参考までに、カーリングもコミュニケーションが肝のスポーツなので、各チームからピックアップした選手同士をいきなり組ませても、即時に結果は出にくいそうです。

サッカー日本代表も同じ説明が出来ます。２０１８年ワールドカップロシア大会で、日本チーム「サムライブルー」の初戦が開催されたのは７月２日ですが、日本代表が決定したのはそのわずか1か月前の5月31日。これでいきなりナショナルチームを作るといっても、現実には十分なコミュニケーションを取ることは難しいでしょう。となると、即戦力が絶対的に必要

女子サッカー選手の血液型

	O 型	A 型	B 型	AB 型
FIFA WC 代表	41 人	56 人	33 人	8 人
通算得点の上位 20 位	6 人	6 人	3 人	1 人
歴代出場数の上位 20 位	5 人	10 人	3 人	2 人
日本人平均	30.7%	38.1%	21.8%	9.4%

とされるので、仮に選手のテクニックが同じだとするなら、はじめから協調性があるメンバーを選ぶしかありません。必然的に、B型選手が選ばれる確率は低くなりそうです。

これに対して、女子サッカーのなでしこジャパンでは、1991年から2019年までの全期間を調べてみても、血液型はほぼ日本人平均と同じでした。前述のように、女子は男子より競技人口が少ないことが理由だとすると、データをうまく説明できます。詳しくは後述します。

Jリーグはどうでしょう？　こちらも選手の流動性は高いようです。例えばJ1の選手は全体で571人（2019年2月1日現在）ですが、移籍するのは加入が約200人、退団もほぼ同数なので、平均すると2年足らずで全員が入れ替わることになります。だから、B型の得点が少なくなるのではないでしょうか。

では、Ｊ１の選手全体では血液型の分布が日本人平均なのに、なぜＪリーグの通算得点（40頁の表）に差が出ているのでしょう。それは、上位20位までとなると、割合ではワールドカップ代表（42頁の図）を選ぶこととほぼ同じことになるからです。データを見ると、血液型の傾向はＦＩＦＡワールドカップ代表と同じく、Ｂ型が少ないことが共通しています。

対する女子では、前頁の表にあるように、上位20位までの通算得点は、Ｏ型６人、Ａ型６人、Ｂ型３人、ＡＢ型１人（不明除く）と、だいたい日本人の平均と同じで、ワールドカップ代表の傾向とほぼ一致します。上位20位までの歴代出場の数字でも、Ｏ型５人、Ａ型10人、Ｂ型３人、ＡＢ型２人ですから、こちらもほぼ日本人の平均です。

続いて女子カーリングですが、この種目では原則として「日本選抜」のチームは作りません。なぜなら、基本的に日本カーリング選手権大会を勝ち抜いたチームが、そっくりそのままオリンピックに出場するからです。平昌オリンピックでは、藤澤五月選手が所属している「ロコ・ソラーレ北見」が見事に銅メダルを獲得し、チームワークの良さを見せつけました。

カーリングは、シンクロと同じく、コミュニケーションが最重要なスポーツです。各チームからピックアップした選手で、にわかづくりのナショナルチームを作ったとしても、いい結果につながるとは考えにくいですよね。これが、日本選抜チームを作らない最大の理由だとのことです。代表チームでは、既に選手間のコミュニケーションは十分なわけです。それなら、仮にB型が多くとも問題にはならないし、ゴルフや野球でB型が運動神経がいいのはわかっているだけに、実力を十分に分発揮できるということなのでしょう。

女子シンクロでは、オリンピックに出場したB型選手は2人だけです。ただし、B型の1人である藤井選手は、日本チームの井村監督の運営する井村スイミングクラブ出身なので、監督とは顔見知りです。残るB型の石黒選手は、決勝ではA型の青木愛選手が代わりに出場しました。つまり、B型選手が落下傘のように単独でナショナルチームに参加し、メダルを獲得したケースは過去にはないことになります。ということですから、実質的には、62頁の表の数字よりB型は少ないことになります。

こうなると、「B型はマイペース」というのは、かなり表面的で短絡的な見方であるということになります。短期的にはともかく、B型の「マイペース」は他の血液型とそれほど変わらないのかもしれません。なぜなら、中長期的に見ると、O型だったらそのチームの将来性を見切ることもあるし、Ａ型だったら短期的には合わせても、長期的には筋を通すこともあるからです。

Ｂ型は、初対面の人とのコミュニケーションを取るのに、多少時間がかかることがあります。まったく悪気はないのですが、納得しないことにとりあえず反対するタイプのＢ型も、割とよく見かけます。他の血液型なら、もう少しオブラートに包んだ表現をするでしょう。

そして、こう考えると、それなりにうまく血液型の傾向を説明することができます。ただ、これらはあくまでデータをベースにして机上で考えたものなので、専門家の意見は違うかもしれません……。

非常に希望的な観測ですが、もし私の仮説が正しいとすると、今までＢ型が向いていないとされた競技でも、やりかた次第では、チームワークが苦手とされるＢ型選手の参加を増やし、戦力アップにつなげることが出来るようになるかもしれませんね。

★1　Chieko Ichikawa & Slobodan Petrovski：*ABO system of blood types and positions in soccer team*, 2018

★2　大村政男・浮谷秀一・藤田主一「『血液型性格学』は信頼できるか（第30報）Ⅲ—アスリートに血液型の特徴がみられるか」『日本応用心理学会大会発表論文集　80巻』２０１３年

★3　浮谷秀一・大村政男・藤田主一「『血液型性格学』は信頼できるか（第31報）—国技大相撲の力士の血液型」『日本応用心理学会大会発表論文集　81巻』２０１４年

まとめ

・O型とB型は一般的にスポーツに強い。
・個人競技で技術力が試される場合にはB型が強い。
・短期的でチームワークを速成する必要がある場合には、B型はあまり向いていない。
・ただし、すでにそのグループに知り合いがいる場合は、B型がチームカラーになじむのには時間はかからない。
・女子ゴルフのように、技術力以外にファンサービスが重視される場合はA型が増える。

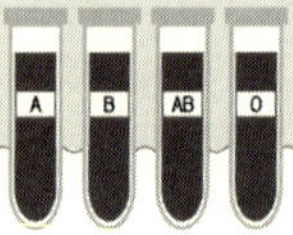

【コラム】決めつけだという決めつけ人間

能見正比古

「血液型で、何型はこういう性格だと決めつけるのがイヤだ」

と言う人がある。この言い方は、また、

「人間の性格は、血液型などで一がいに決められないと思いますがね」

となることもある。この反論には、全く困るのだ。反論にならないからである。つまり私の意見と、全く同じだからである。

本書『血液型活用学』を読まれてきても、前著の読者も、私が性格にさまざまの多様性と、変化の幅があることを主張し続けていることは、おわかりであろう。人間の性格の複雑多様は、血液型でなくても、どんなものを持ってきても、決めつけることはできないし、一がいに言うことはできない。血液型に対応する気質は、この多様の中から抽出した共通傾向なのである。

この反論を述べる人自身が、大へん決めつけ好きの人であることが多い。すでに〝血液型人間学〟は、性格を決めつけるものと、決めつけている。だから、その〝決めつけ〟を反対すれば、血液型人間学を否定できるものと**決めこんでいる。**

この人たちを含め、社会は何かにつけて、人や物ごとを決めつけ、決めこむ傾向がある。出身地、職業、家庭の差、何かの事件、人の噂……何でもとらえて、彼はこうだと決めつける。決めつけられたことは、容易に取り消せず、迷惑する人も少なくない。血液型を使っても決めつけることはできるが、それは、その人の決めつけ趣味のせいであって、血液型の責任ではない。

（『血液型活用学』２６７頁）

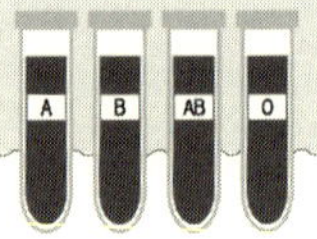

【コラム】卓球選手の血液型

卓球選手の血液型を調べてみました。２０１９年５月の世界ランキング50位以内には、日本人の男子９人、女子10人が入っています。これらの19人の血液型は、Ｏ型　９人、Ａ型　４人、Ｂ型　３人、ＡＢ型　１人、不明　２人となっています。Ｏ型が優位なのは、サッカーや野球と同じ傾向なのです。こうなると、球技は一般的にＯ型が強いと言ってよいのかもしれませんね。

男子選手　2019 年 5 月

ランキング（位）	血液型	選手名
4	O	張本智和
12	O	丹羽孝希
13	B	水谷　隼
22	A	大島祐哉
26	O	上田　仁
28	B	吉村真晴
33	A	森薗政崇
36	AB	吉村和弘
44	B	松平健太

女子選手　2019 年 5 月

ランキング（位）	血液型	選手名
6	O	石川佳純
7	O	伊藤美誠
9	O	平野美宇
13	?	芝田沙季
14	O	佐藤　瞳
22	A	加藤美優
23	?	橋本帆乃香
29	O	安藤みなみ
30	O	早田ひな
38	A	長﨑美柚

第二章　政治と血液型

歴代アメリカ大統領の血液型

序章では、東京都知事にＡＢ型が多いことを説明しました。ＡＢ型が多いのは、なにも日本だけではありません。意外に思うかもしれませんが、Ｏ型大国であるアメリカの大統領にもＡＢ型が多いのです。

次の方々は、現在までに血液型が判明しているアメリカの歴代大統領です。

初　代　Ｂ型　ジョージ・ワシントン
第16代　Ａ型　エイブラハム・リンカーン
第34代　Ｏ型　ドワイト・Ｄ・アイゼンハワー
第35代　ＡＢ型　ジョン・Ｆ・ケネディ

第36代　A型　リンドン・ジョンソン
第37代　A型　リチャード・ニクソン
第38代　O型　ジェラルド・R・フォード
第39代　A型　ジミー・カーター
第40代　O型　ロナルド・レーガン
第41代　O型　ジョージ・W・H・ブッシュ（父）
第42代　AB型　ビル・クリントン
第43代　O型　ジョージ・W・ブッシュ（子）
第44代　AB型　バラク・オバマ
第45代　A型　ドナルド・トランプ
（参考　トランプ氏の対抗馬、ヒラリー・クリントン氏やサンダース氏もAB型）

O型の大統領は、アイゼンハワー、フォード、レーガン、ブッシュ父子の計5人になります。

このうち、アイゼンハワー大統領は、第2次世界大戦のヨーロッパ戦線で、連合軍最高司令官としてドイツを打ち破った栄光ある名将です。ある程度の年齢のかたなら、映画「史上最大の作戦」で名前を聞いたことがあるかもしれません。つまるところ、彼は政治家というよりは軍人なのです。フォード大統領は、ニクソン大統領がウォーターゲート事件のために辞任したため、副大統領から昇任しました。ブッシュジュニアは、父親が大統領です。このように、O型で選挙に勝利して就任した大統領は事実上レーガンとブッシュ（父）２人に絞られることになります。

次に、A型はどうでしょう。A型の大統領は、リンカーン、ジョンソン、ニクソン、カーター、そして現職のトランプ氏の５人です。このうち、ジョンソン大統領は、ケネディ大統領がダラスで暗殺されたため、副大統領から昇任しました。よって、はじめから選挙でその職を勝ち取ったのは４人となります。

B型は、初代大統領のワシントンの１人だけです。

AB型はケネディ、クリントン、オバマ氏の３人で、すべて初戦から選挙で勝利しました。

現在とほぼ同じ条件で比較するとするなら、初代のワシントンと南北戦争当時のリンカーンの両大統領は外すしかないでしょう。結局残ったのは、O型２人、A型３人、

ＡＢ型３人で、Ｂ型はゼロとなります。アメリカ人の血液型の割合は、Ｏ型45％、Ａ型40％、Ｂ型11％、ＡＢ型４％ですから、極端にＡＢ型が多いのです。

計算してみると、ＡＢ型はアメリカでは極めて少ないので、わずか８人でも統計的には意味のある差になります。ランダムに選んだ８人のアメリカ人から、３人以上がＡＢ型となる確率はたった０・36％で、なんと２８０分の１なのです。

ＡＢ型が多いのは偶然ではありません。アメリカの大統領選挙というのは、東京都知事のように、一種の人気投票です。候補者は、カリスマ性を持ったヒーローかヒロインでなければなりません。Ｏ型グループのメンバーは熱狂的にカリスマを求めています。アメリカ国民の半分近くはＯ型です。そして、人気投票に有利なのは、Ａ型とＡＢ型、次にＯ型で、一番不利なのはＢ型なのです。

高い理想と原則を高らかに掲げ、強く訴えるのはＡ型とＡＢ型。一方、Ｏ型は力に敏感です。状況に応じて、Ｏ型は慎重にパワーバランスを考え、場合によっては力の信者になります。Ｂ型は理想より実践的な思考の人ですから、ほとんどカリスマ性はないのです。

AB型の政治家たち

参議院旧全国区の大量得票者

順位	氏　名	血液型	当選年
1	**石原慎太郎**	**AB**	**1968**
2	**市川　房枝**	**AB**	**1980**
3	宮田　輝	B	1974
4	**青島　幸男**	**AB**	**1980**
5	鳩山威一郎	B	1980
6	**田　英夫**	**AB**	**1971**
7	中山　千夏	O	1980
8	山東　昭子	O	1980
9	**安西　愛子**	**AB**	**1971**
10	**江田　五月**	**AB**	**1977**

太字はAB型

少々古いのですが、2001年7月15日付の日本経済新聞に、参議院旧全国区の大量得票者についての面白いデータを見つけました。それによると、やはり上位当選10人中6人がAB型だったのです！　やはり人気投票はAB型が強いようですね。

ランダムに選んだ日本人10人から、6人以上がAB型である確率は、0・0098%なので、なんと1万分の1ということになります。

能見正比古氏のより詳しい解説があるので、ここに紹介させていただきます。

次表は、1968年7月、ようやくタレント議員進出が本格化してからの参議院全国区の得票順位ベスト3を並べたもの。ごらんの通り、まるでAB型の独占的傾向だ。この中で望月優子だけはB型とも聞き、はっきりしないので、?付きとした。

過去の参議院全国区の得票数ベスト3

1968年7月	1971年6月	1974年7月	1977年7月	1980年7月
①石原慎太郎 AB	①田 英夫 AB	①宮田 輝 B	①田 英夫 AB	①市川 房江 AB
②青島 幸男 AB	②安西 愛子 AB	②市川 房枝 AB	②江田 五月 B	②青島 幸男 AB
③上田 哲 O	③望月 優子 B?	③青島 幸男 AB	③福島 茂夫 O	③鳩山威一郎 B

ただし、これは全国区の全般的傾向ではなく、上位スペシャル級だけに集中した現象である。

それが望ましいかどうかは別にして、私はスター性という問題が政治学の新しい課題となると思っている。情報化時代に特有なもので、カリスマ性とも、やや異質である。そしてＡＢ型のスター性は、このようにアイドルスターのそれに近い。Ｏ型やＢ型のスターのように人間性が浸透した結果、高揚するといった時間のかかるものではない。イメージによって瞬間に湧き起る。それは人間性を詮索して好悪を決めるものではなく、逆に人間臭くないほうがいいのだ。劇画の中の人物のようなほうが、いいのである。ＡＢ型は人間臭さの強度では、一番淡い。それが逆に、このようなスター性を生むのであろう。石原や田が得た2百万3百万の票は、彼らの政策に共鳴し、その人間性に親しんだ人々が投じたものではない。政治におけるアイドルスターの登場は、現代の神話なのかもしれぬ。

（『血液型政治学』２２５—２２６頁を微修正、１９８０年のデータを追加）

首相に多いのはＯ型だが、大臣は何型が多いのか

次は、日本の政治状況について、能見正比古氏の『血液型と性格ハンドブック』（１９８１年）の解説です。ただし、データについては最新のものに更新し、関係する

記述は書き換えました。

私たちの毎日に深い関係のある政治の世界を眺めてみましょう。次頁の表は、衆議院議員の血液型分布を示しています。これを日本人の平均血液型分布率と比べ、その偏りを考えましょう。

数字の下の下線は、日本人平均に比べ、特に多いもの、波線は特に少ないものです。1978年当時の有意差を検定してみると、危険率pは0・1%以下という大へん大きな有意差を示します。衆議院議員すなわち政治家の職能性と血液型は、高いレベルで関係があることが、実証されたのです。内容的には、1978年当時はO型とAB型が多いのが目につきます。もっとも、現在では日本人平均とほぼ同じですが、理由は後述します。

O型は男女を問わず、一般に狭義の政治性が強く、政治好きの人が目につきます。AB型は、企業でも地域社会でも、人間関係の調整斡旋《あっせん》に長ずる人が目立ちます。これは政治的世界では、大へん必要とされる特性ですね。

この血液型の分布状況が、また政党の性格にも影響を与えています。O型が多く

衆議院議員血液型分布率

	日本人平均	1978年4月	2017年12月
血液型判明数	-	453人	408人
O型	30.7 %	**1位　35.8 %**	2位　⬇ 25.5 %
A型	38.1 %	2位　31.5 %	**1位　⬆ 38.5 %**
B型	21.8 %	3位　18.8 %	3位　➡ 24.8 %
AB型	9.4 %	4位　13.8 %	4位　➡ 12.0 %
危険率	-	p < 0.1%	有意差なし

なると、どうしても派閥的動きが活発となり、権力争いが激化するのは、企業などでも見受けることです。逆にＡＢ型が多いと、評論家的体質となり、内部の論争が盛んになったりします。

　私たちが知らないうちに、**私たちの生活を左右する政治も、血液型で、大きく、そのキャラクターを動かされている**のです。

　各専門分野での血夜型分布率調査は、これまで、私や、その他の人々が実施して来た大量のアンケート調査、そして長年、多くの人々によって観察されて来た血液型別の特色を裏づけ、また、時には新しい発見をもたらして来ました。それを、この政治・行政の分野からも引き出してみましょう。

　戦後の首相を次頁の表にあげました。血液型のわかった37名のうち、じつに19名がO型とは驚き呆《あき》れる

歴代首相の血液型

2019年5月現在

O型（19人） 1位 51.3%	A型（11人） 2位 29.7%	B型（5人） 3位 13.5%	AB型（2人） 4位 5.4%
濱口 雄幸	若槻禮次郎	東條 英機	**宮沢 喜一**
鈴木貫太郎	**芦田 均**	**田中 角栄**	橋本龍太郎
東久爾宮稔彦王	**鳩山 一郎**	**竹下 登**	
幣原喜重郎	**佐藤 栄作**	安倍 晋三	
吉田 茂	**三木 武夫**	**野田 佳彦**	
片山 哲	海部 俊樹		
石橋 湛山	宇野 宗佑		
岸 信介	**小渕 恵三**		
池田 勇人	小泉純一郎		
福田 赳夫	福田 康夫		
大平 正芳	**麻生 太郎**		
鈴木 善幸			
中曾根康弘			
細川 護熙			
羽田 孜			
村山 富市			
森 喜朗			
鳩山由紀夫			
菅 直人			

太字は派閥のリーダー

ただ、総理大臣に選出される衆議院議員の血液型はTable 4に示してあるようにO型が多数である。

Table 4 歴代総理大臣の血液型の分布

	A	B	O	AB	合計	χ^2_0
観察値	17	6	30	3	56	14.54
期待値	21.3	12.2	17.2	5.3	56.0	＊＊

（注）40代～97代（安倍晋三）にいたる総理大臣（2回以上の人を含む）延べ56人。野田前総理はB型、安倍現総理もB型である。

大村政男・浮谷秀一・藤田主一
『「血液型性格学」は信頼できるか（第30報）Ⅰ―衆議院議員に血液型の特徴が見られるか―』日本応用心理学会大会発表論文集、2013年ほかありません。戦前でも濱口雄幸首相のO型は記録に残っています。AB型が2人だけなのも目をひきます。じつは保守系政党の派閥のリーダーを調べても、AB型は、ほとんど見当りません（現在は岸田派のリーダー岸田文雄氏がいます）。これは明らかに、同じ政治家としてもO型とAB型では、その姿質が違うことを物語ります。**政治力を求め、力の結集の中心に坐りやすいO型と、調整調和型のAB型性**の違いは明らかです。前頁の囲み記事にもあるように、首相にO型が多いことは、心理学者からも認められている事実です。

各省大臣はどうでしょうか。次表に3例ほど示しました。極端な違いに、またまた驚かされます。渉外能力がO型とAB型ですぐれていることは、一般社会でも見受けられます。客商売はOとABと私は端的に言っています。また、冠婚葬祭に向かないB型などともいいます。外務大臣の、この分布の仕方は当然でしょう。

倫理感が強い、清潔な印象のA型が文相に多くなり、国際間のパワーバランスを見極め、政治的テクニックを要求される防衛部門は、政治のOと根まわしのBでしょう。技術系の分野では、B型の率が常に濃くなります。

呆然となるのは旧科学技術庁長官です。O型の少なさ、A型の多さ。これは、O

歴代外務大臣の血液型

2019年5月現在

O型（14人）1位 37.8%	A型（12人）2位 32.4%	B型（3人）4位 8.1%	AB型（8人）3位 21.6%
吉田　茂	三木　赳夫	鳩山威一郎	木村　俊夫
岸　信介	愛知　揆一	櫻内　義雄	宮沢　喜一
大平　正芳	大来佐武郎	柿澤　弘治	倉成　正
椎名悦三郎	安倍晋太郎		中山　太郎
福田　赳夫	宇野　宗佑		池田　行彦
小坂善太郎	渡辺美智雄		田中眞紀子
園田　直	武藤　嘉文		松本　剛明
三塚　博	小渕　恵三		岸田　文雄
羽田　孜	河野　洋平		
高村　正彦	麻生　太郎		
中曾根弘文	町村　信孝		
岡田　克也	前原　誠司		
玄葉光一郎			
河野　太郎			

P=1.9%

歴代文部科学大臣の血液型

2019年5月現在

O型（11人）2位 21.6%	A型（19人）1位 37.3%	B型（10人）4位 19.6%	AB型（11人）2位 21.6%
剱木　亨弘	尾崎　行雄	高見　三郎	稲葉　修
三原　朝雄	鳩山　一郎	奥野　誠亮	田中　龍夫
永井　道雄	愛知　揆一	中島源太郎	松永　光
森　喜朗	中村　梅吉	森山　眞弓	塩川正十郎
藤尾　正行	有田　喜一	島村　宜伸	石橋　一弥
井上　裕	坂田　道太	大島　理森	保利　耕輔
鳩山　邦夫	海部　俊樹	中山　成彬	小杉　隆
与謝野　馨	小川　平二	鈴木　恒夫	河村　建夫
奥田　幹生	瀬戸山三男	平野　博文	渡海紀三朗
中曾根弘文	西岡　武夫	林　芳正	中川　正春
髙木　義明	町村　信孝		田中眞紀子
	小坂　憲次		
	伊吹　文明		
	塩谷　立		
	川端　達夫		
	下村　博文		
	馳　浩		
	松野　博一		
	柴山　昌彦		

P=2.3%

歴代歴代防衛大臣の血液型

2019年5月現在

O型（23人） 1位　46.0%	A型（14人） 2位　28.0%	B型（9人） 3位　18.0%	AB型（4人） 4位　8.0%
船田　中	有田　喜一	赤城　宗徳	江崎　真澄
福田　篤泰	宇野　宗佑	西村　直巳	山中　貞則
松野　頼三	坂田　道太	増原　恵吉	池田　行彦
増田甲子七	山崎　拓	加藤　紘一	稲田　朋美
中曾根康弘	伊藤宗一郎	中西　啓介	
三原　朝雄	中山　利生	玉澤徳一郎	
金丸　信	衛藤征士郎	石破　茂	
大竹　襄治	臼井日出男	林　芳正	
石川　要三	野呂田芳成	浜田　靖一	
谷川　和穂	中谷　元		
田澤　吉郎	大野　功統		
愛知　和男	池田百合子		
神田　厚	一川　保夫		
久間　章生	岩屋　毅		
額賀福志郎			
瓦　力			
虎島　和夫			
斉藤斗志二			
高村　正彦			
北澤　俊美			
田中　直紀			
小野寺五典			
江渡　聡徳			
小野寺五典			

歴代科学技術庁長官の血液型

2019年5月現在

O型（5人）2位　17.2%	A型（16人）1位　55.2%	B型（4人）3位　13.8%	AB型（4人）3位　13.8%
中曾根康弘	荒木万寿夫	足立　篤郎	長田　裕二
山東　昭子	三木　武夫	二階堂　進	中川　一郎
渡辺　省一	佐藤　栄作	中村喜四郎	江田　五月
谷垣　禎一	愛知　揆一	大島　理森	田中眞紀子
中曾根弘文	上原　正吉		
	有田　喜一		
	鍋島　直昭		
	西田　信一		
	平泉　渉		
	前田佳都男		
	森山　欽司		
	佐々木義武		
	宇野　宗佑		
	河野　洋平		
	三ツ林弥太郎		
	宮崎　茂一		

型の大まかな思考性とAの丹念繊密な思考性を、ありありと浮き彫りにしているものといえます。

このような血液型分布調査を社会の各界に広げることにより、今まで大ざっぱに**主観的に語られて来た適性適職の問題も、しだいに科学的な正確さで明らかになることが期待されます。**

衆議院議員はO型からA型へ

90、91頁の図表は、衆議院議員

をのべ6千人余り調査した結果です。期間としては、第32回（1972年）から第48回総選挙（2017年）までの45年間となります。以前は「点」としてとらえていたデータが、ついに一本の「線」に結ばれたのです。

最も特徴的なのは、昭和から平成、そして令和に向けて時代が変わるにつれて、徐々にO型が減少していることです。それとは反対に、A型はO型が減るにつれて増加しています。攻めのO型は高度成長期に多かったのですが、低成長期になると徐々に守りに強いA型に交代しています。逆転の理由は、第1次石油ショック（1973年）と第2次石油ショック(1980年)としか考えようがありません。これを裏付けるように、リーマンショック（2008年）でもA型が増えました。経済情勢の変化は社会の雰囲気を大きく変えますから、それが衆議院議員の血液型にまで大きく影響するということなのでしょう……。

血液型は、地域別の経済の動向とも一致しています。妙にA型が多いと思うと、そういう地域は景気が悪いことが多いのです。ここでは数字は出していませんが、たとえば、1980年代の地方圏でA型が増えている時期は、東京圏への転出超過が目立つ時期と一致しているのです。

総選挙後における衆議院議員の血液型分布

回	投票日	O型（%）	A型（%）	B型（%）	AB型（%）	判明者数（人）	投票率（%）
32	1972/12/10	**37.6**	29.6	18.2	14.6	412	68.51
34	1976/12/05	**36.0**	30.9	18.3	14.8	453	73.45
36	1980/06/22	**35.9**	32.6	18.5	12.9	475	74.57
37	1983/12/18	32.1	**34.5**	20.1	13.3	386	67.94
38	1986/07/06	32.2	**36.0**	19.1	12.6	444	71.40
39	1990/02/18	31.1	**38.1**	18.3	12.8	361	73.31
40	1993/07/18	30.0	**36.0**	22.1	11.9	420	67.26
41	1996/10/20	30.8	**35.7**	20.9	12.6	不詳	59.86
42	2000/06/25	29.1	**36.4**	23.1	11.3	450	62.49
43	2003/11/09	29.6	**34.4**	23.1	12.9	459	59.86
44	2005/09/11	26.7	**35.6**	25.9	11.9	464	67.51
45	2009/08/30	27.2	**39.5**	23.0	10.3	431	69.28
46	2012/12/16	29.3	**39.4**	20.4	11.0	437	59.32
47	2014/12/14	27.4	**38.4**	23.1	11.0	445	52.66
48	2017/10/22	25.5	**38.5**	24.8	11.2	408	53.68
日本人平均		30.7	38.1	21.8	9.4	6,453	-

太字は最も多い血液型　　『B型女性はなぜ人気があるのか』（2016）ほか

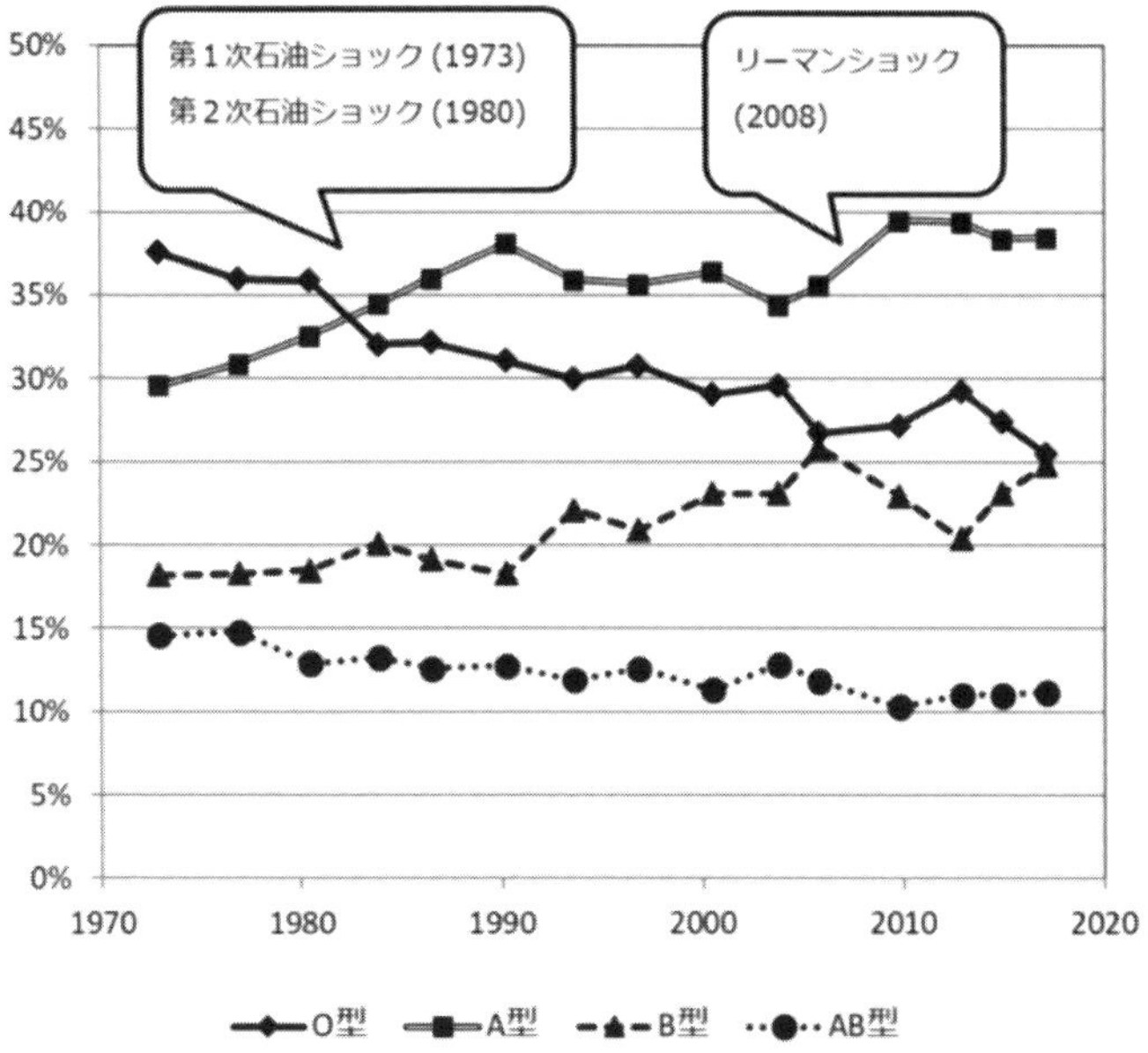
第１次石油ショック (1973)
第２次石油ショック (1980)
リーマンショック
(2008)
50%
45%
40%
35%
30%
25%
20%
15%
10%
5%
0%
1970
1980
1990
2000
2010
2020
O型
A型
B型
AB型

まとめ

・人気投票に強いのはＡ型とＡＢ型である。
・都知事とアメリカ大統領では特にＡＢ型が強い。
・首相はＯ型、外務大臣はＯ型とＡＢ型、防衛大臣はＯ型、文部科学大臣はＡ型とＡＢ型、旧科学技術庁長官はＡ型が多い。
・衆議院議員は、昔はＯ型が多かったが、現在はＡ型が多い。

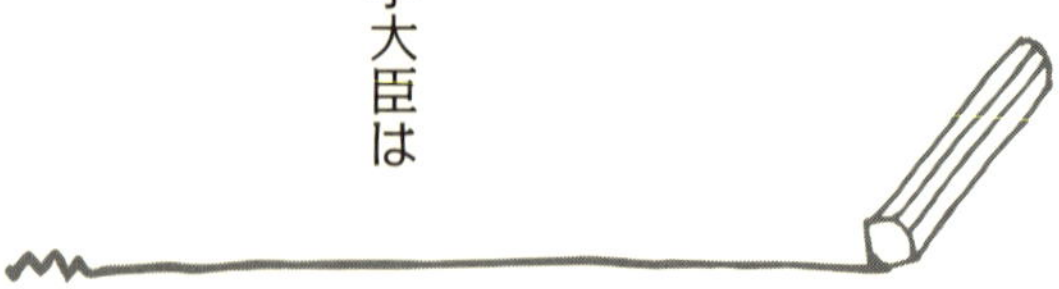

【コラム】外国人の血液型

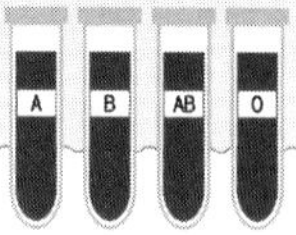

政治家	有名人
中国・台湾	
■O型	■O型
陳　水扁	エリザベス女王
馬　英九※	チャールズ皇太子
蔡　英文	アインシュタイン
■B型	ジャクリーン・ケネディ
習　近平	テイラー・スウィフト
温　家宝	チャップリン
	ピカソ
韓国	ムッソリーニ
■O型	ラントシュタイナー
李　承晩	(ABO血液型の発見者)
尹　潽善	ジョン・レノン
盧　武鉉	■A型
■A型	レディ・ガガ
朴　正熙	ロバート・ケネディ
金　大中	ジョゼフ・ケネディ
■B型	リンゴ・スター
全　斗煥	ブリトニー・スピアーズ
李　明博※	スティーブン・スピルバーグ
朴　槿恵	ヒトラー
文　在寅	サダム・フセイン
■ＡＢ型	■B型
盧　大愚	ポール・マッカートニー
金　泳三	ローズ・ケネディ
	アイザック・アジモフ
北朝鮮	■ＡＢ型
■A型	イエス・キリスト
金　正日	(聖布を鑑定)
金　正恩	ジャッキー・チェン
	マリリン・モンロー
ロシア	
■O型	
ゴルバチョフ	
■ＡＢ型	
プーチン	※公式サイトによる

【コラム】血液型ジョーク

能見正比古

A型がルール、規則、法律に弱いことは、ほとんど体質的のようだ。

以前わたしの勤めていた出版社に、A型の編集局長がいた。覇気満々、大胆で勇気ある意見や批判を自慢にしていた。

企画会議で、きかない薬やいいかげんな市販薬を斬るといったプランが提案されたことがあった。話を聞いていたA型局長は、ふしぎそうに言った。

「きかない薬って、あるわけないだろ？」

「どうしてですか？」

「だって、みんな厚生省認可済みじゃないか」

やはりA型で、東大出。いつも革新的で科学性に富む意見を言う女の子がいた。あるとき、古代天皇稜を学術調査に公開すべきだという話題が出た。歴史学者や考古学者たちの渇望する話題だ。すると、彼女がボソッと言った。

「そんなこと言うべきじゃないわ。だって、それは、所有権は天皇家なんでしょ」

【コラム】血液型ジョーク

もっと驚いたのは、A型のわたしの長男（能見俊賢氏）の中学生時代である。母親が、通学の途中の自動車交通の激しさについて注意していた。

「だいじょうぶだよ、お母さん、ちゃんと信号を守って渡るし、横断歩道をキチンと渡ってるよ」

「お前がいくらそうしても、自動車のほうが守らないことがあるからね。ちゃんと、やっぱり、左右をよく見るんだよ」

長男はキッパリ言った。

「たとえ、ひかれても、それは、向こうが悪いんだから……」

（1980年12月号）

第三章　カルチャーと血液型

歴史小説のA型、推理小説のO型

小説家の血液型は、能見正比古氏が過去に調査をしていますので、分析はそれほど難しいことではありません。ここでは、最近のデータを追加した一覧を作成してみました。結論ですが、現在でも基本的な傾向は変わっていないと言っていいようです。

分野ごとの傾向を見てみると、歴史小説では司馬遼太郎氏に代表されるようにA型が多く、これとは対照的に、SF作家ではA型が激減し、代わってO型やB型が多くなっています。推理小説はこの2つの中間で、O型とA型がやや多いといったように、いずれの分野も際立った特徴を示しています。能見氏の『新・血液型人間学』（40頁）には、作家の佐野洋氏から聞いた話として、推理作家の佐野洋は、時にＳＦも書くが、全く頭の働かせ方が違うと体験的に述べる。推理小説を書くときは一点に向かって頭を絞って行く感じ。ＳＦのほうは思考をどんどん拡散させて行く。同じ創作の頭脳活動が、方向が正反対だというのである。

とあります。Ａ型はいわゆる水平思考、つまり思考をどんどん拡散させるのはかなり苦手なので、これがＳＦ作家にＡ型が少ない理由なのかもしれません。
ただ、Ａ型が娯楽性に優れているのは間違いないようで、それは推理小説の赤川次郎、西尾維新氏などの作風を見れば一目瞭然でしょう。後述しますが、売れている漫画家にはＡ型が多いのです。言うまでもありませんが、漫画は文字より直接的に人の視覚に訴えるエンターテインメントだからです。
ここでも、能見正比古氏の解説を紹介しておきましょう。

文学や美術など芸術表現の面でも、血液型が色こく現われる形勢です。小説などは多彩多様な内容を持っているため、〝小説家〟というだけでは、ややＡ型が少な

歴史作家

O型	A型	B型	AB型
4人	15人	5人	2人
井出　孫六 永井　路子 南条　範夫 村上　元三	池波 正太郎 尾崎　士郎 海音寺潮五郎 五味　康祐 沙羅　双樹 司馬遼太郎 柴田錬三郎 陳　　舜臣 戸部新十郎 平岩　弓枝 山岡　荘八 吉川　英治 浅田　次郎 北方　謙三 宮部みゆき *	井口　朝生 杉本　苑子 藤沢　周平 井沢　元彦 五木　寛之	長谷川　伸 山田風太郎

*は、SF作家、推理作家にもある
『血液型と性格ハンドブック』(1981)　ほか

そうに見えるだけで、血液型の影響はさほど顕著とも思えません。が、小説を種別にすると、たちまち顕著な血液型の偏りが現れて来ます。

次の表は、日本における歴史作家、SF作家、推理作家の血液型名簿です。歴史作家の中に、A型が多いのには驚かされます。これは一つには、史料や記録を丹念に調べる作業が、A型向きとも考えられます。事実、記録文学者やドキュメント・ライターの中にも、A型、それについで

SF作家

O型	A型	B型	ＡＢ型
11人	3人	9人	5人
荒巻　義雄	小松　左京	石川　喬二	石原　藤夫
海野　十三	梶尾　真治	鏡　　　明	平井　和正
高斎　　正	宮部みゆき	かんべむさし	光瀬　　龍
田中　光二		筒井　康隆	山野　浩一
豊田　有恒		都筑　道夫	富野由悠季
半村　　良		眉村　　卓	
広瀬　　正		荒俣　　宏	
星　　新一		栗本　　薫	
横田　順彌		森　　博嗣	
新井　素子			
冲方　　丁			

『血液型と性格ハンドブック』(1981)　ほか

推理作家

O型	A型	B型	ＡＢ型
15人	14人	5人	3人
井口　泰子	生島　治郎	斎藤　　栄	我孫子武丸
江戸川乱歩	菊村　　到	夏木　静子	麻耶　雄嵩
加納　一郎	佐野　　洋	京極　夏彦	山田風太郎
樹下　太郎	高原　弘吉	法月綸太郎	
笹沢　佐保	多岐川　恭	西村京太郎	
島田　一男	仁木　悦子		
草野　唯雄	松本　清張		
高木　彬光	結城　昌治		
戸川　昌子	赤川　次郎		
三好　　徹	逢坂　　剛		
森村　誠一	島田　荘司		
横溝　正史	辻　　真先		
有栖川有栖	西尾　維新		
綾辻　行人	宮部みゆき *		
野沢　　尚			

* は、SF作家、推理作家にもある
『血液型と性格ハンドブック』(1981)　ほか

B型が目立っています。

作家だけではなく、一般のA型の人の中にも歴史好きが大変に多いのです。旅行に出ても、史跡の探訪を楽しみにするA型の人は少なくありません。NHKの大河ドラマなどは、A型の視聴者の多さを想像したくなります。テレビの視聴率調査も、こうした血液型別の好みを調べれば、ずっと内容的意味が深まるでしょう。

SF作家にA型が少なく、推理作家にB型とAB型が少ないのも注目すべき現象です。ここまで来ると、問題は血液型による思考機能の違いへと発展します。将来の教育学にとっても、重要な課題となりましょう。

お断りしておきますが、SF作家といっても、SFと名が付いていれば同じと考えるべきではありません。アメリカのSF作家では、A型がかなり多いのです。それは、娯楽作品から出発したアメリカと、SFマニアの集団からスタートした日本との、SF界の事情の違いによるものでしょう。日本でも娯楽SFがポピュラーになれば、A型のSF作家が、どんどん出てくることは考えられます。

(『血液型と性格ハンドブック』35―37頁、表現を微修正した)

歴代発行部数ランキング

順位	血液型	作者・作品	部　数	巻数
1	A	尾田栄一郎　ONE PIECE	3億6,000万部	91
2	B	青山剛昌　名探偵コナン	2億部	95
2	A	さいとう・たかを　ゴルゴ13	2億部	191
4	A	鳥山明　ドラゴンボール	1億5,700万部	42
5	A	秋元治　こちら葛飾区亀有公園前派出所	1億5,650万部	200
6	O	岸本斉史　NARUTO	1億3,500万部	72
7	A	雁屋哲　美味しんぼ	1億3,000万部	111
8	B	井上雄彦　SLAM DUNK	1億2,000万部	31
9	O	藤子・F・不二夫　ドラえもん	1億部	45
9	A	手塚治虫　鉄腕アトム	1億部	21
9	B	荒木飛呂彦　ジョジョの奇妙な冒険	1億部	92
9	AB	あだち充　タッチ	1億部	26
13	O	森川ジョージ　はじめの一歩	9,400万部	123
14	O	金成陽三郎　金田一少年の事件簿	9,000万部	27
14	O	久保帯人　BLEACH	9,000万部	74
16	B	長谷川町子　サザエさん	8,600万部	45
17	B	ゆでたまご　キン肉マン	7,500万部	65
18	A	冨樫義博　HUNTER×HUNTER	7,200万部	36
19	?	諫山創　進撃の巨人	7,100万部	27
20	O	横山光輝　三国志	7,000万部	60
20	A	荒川弘　鋼の錬金術師	7,000万部	27
22	A	高橋洋一　キャプテン翼	6,300万部	37
23	?	板垣恵介　ばきset	6,100万部	134
24	A	原哲夫　北斗の拳	6,000万部	15
24	B	神尾葉子　花より男子	6,000万部	37
24	A	和月伸宏　るろうに剣心	6,000万部	28
27	AB	あだち充　H2	5,500万部	26
27	?	田中宏　BAD BOYS	5,500万部	22
29	A	高橋留美子　らんま1/2	5,300万部	20
30	O	美内すずえ　ガラスの仮面	5,000万部	49

（出典：漫画全巻ドットコム https://www.mangazenkan.com）

A型が強い漫画家

前頁の表は、発行部数5000万部以上となった漫画の単行本のデータです。血液型判明者は、A型12人、O型7人、B型6人、AB型2人なので、A型が一番多くなっています。このA型優位の傾向は、部数ベースではさらに際立ってきます。

漫画の発行部数血液型別ランキング（かっこ内は日本人平均）

1位	A型	14億8150万部	51・0%	（38・1%）
2位	B型	6億4100万部	22・1%	（22・8%）
3位	O型	6億2900万部	21・6%	（30・7%）
4位	AB型	1億5500万部	5・3%	（9・4%）

同じ漫画全巻ドットコムから、1巻当たりの部数を計算してみたのが次の表です。上位の10人中、A型は5人、AB型が2人、O型とB型はそれぞれ1人ずつ、不明が1人となっています。エンターテイナーとしてはA型が一番強いようですね。これが、スポンサーやファンサービスを重視している最近の女子ゴルフでA型が強い理由の一つ

1巻当たりの発行部数

順位	血液型	作者・作品	部　数	1巻当たり	巻数
1	A	手塚治虫　鉄腕アトム	1億部	476.2万部	21
2	A	尾田栄一郎　ONE PIECE	3億6,000万部	395.6万部	91
3	B	井上雄彦　SLAM DUNK	1億2,000万部	387.1万部	31
4	AB	あだち充　タッチ	1億部	384.6万部	26
5	A	鳥山明　ドラゴンボール	1億5,700万部	373.8万部	42
6	O	さとうふみや　金田一少年の事件簿	9,000万部	333.3万部	27
7	AB	佐々木倫子　動物のお医者さん	2,160万部	270.0万部	8
8	?	諫山創　進撃の巨人	7,100万部	263.0万部	27
9	A	冨樫義博　幽遊白書	4,930万部	259.5万部	19
10	A	荒川弘　鋼の錬金術師	7,000万部	259.3万部	27

なのではないでしょうか。

まだやっていませんが、ひょっとして小説家のように分野別に分析すれば面白いことが発見できるかもしれませんね。作品の分類によって多い血液型が変わってくることになれば、まさにいままでの数字が物語ることと一致することになります。

女性タレントはB型が人気

現在の女性タレントはB型が人気です。手始めに、半年に1回実施されている、オリコンのテレビタレントイメージ調査の結果を見てみましょう。次の図は、2002年から2019年までの歴代ベスト3女性タレントの一覧です。

テレビタレントイメージ調査　（出典：Wikipedia）

調査時期	1位	2位	3位
2002年2月	山口智子 A	松嶋菜々子 A	黒木瞳 A
2002年8月	山口智子 A	宇多田ヒカル A	久本雅美 A
2003年2月	黒木瞳 A	久本雅美 A	樹木希林 A
2003年8月	山口智子 A	久本雅美 A	松嶋菜々子 A
2004年2月	黒木瞳 A	山口智子 A	松嶋菜々子 A
2004年8月	竹内結子 A	久本雅美 A	山口智子 A
2005年2月	黒木瞳 A	山口智子 A	仲間由紀恵 A
2005年8月	DREAMS COME TRUE A	仲間由紀恵 A	黒木瞳 A
2006年2月	DREAMS COME TRUE A	仲間由紀恵 A	黒木瞳 A
2006年8月	仲間由紀恵 A	DREAMS COME TRUE A	天海祐希 O
2007年2月	DREAMS COME TRUE A	仲間由紀恵 A	天海祐希 O
2007年8月	DREAMS COME TRUE A	ベッキー AB	**浅田真央 B** 仲間由紀恵 A 山口智子 A
2008年2月	DREAMS COME TRUE A	**浅田真央 B**	吉永小百合 O
2008年8月	DREAMS COME TRUE A	仲間由紀恵 A	ベッキー AB
2009年2月	**浅田真央 B**	ベッキー AB	吉永小百合 O
2009年8月	ベッキー AB	天海祐希 O	**浅田真央 B**
2010年2月	DREAMS COME TRUE A	**浅田真央 B**	ベッキー AB
2010年8月	天海祐希 O	**浅田真央 B**	DREAMS COME TRUE A
2011年2月	**浅田真央 B**	天海祐希 O	ベッキー AB DREAMS COME TRUE A
2011年8月	ベッキー AB	天海祐希 O	DREAMS COME TRUE A
2012年2月	**浅田真央 B**		天海祐希 O
2012年8月	**綾瀬はるか B**	**浅田真央 B**	天海祐希 O
2013年2月	**綾瀬はるか B**	**浅田真央 B**	天海祐希 O
2013年8月	**綾瀬はるか B**	**浅田真央 B**	天海祐希 O
2014年2月	**浅田真央 B**	**綾瀬はるか B**	DREAMS COME TRUE A
2014年8月	**浅田真央 B**	**綾瀬はるか B**	天海祐希 O
2015年2月	**浅田真央 B**	**綾瀬はるか B**	天海祐希 O
2015年8月	**浅田真央 B**	**綾瀬はるか B**	DREAMS COME TRUE A
2016年2月	**綾瀬はるか B**	**浅田真央 B**	天海祐希 O
2016年8月	**綾瀬はるか B**	**浅田真央 B**	天海祐希 O
2017年2月	**綾瀬はるか B**	新垣結衣 A	天海祐希 O
2017年8月	新垣結衣 A	**浅田真央 B**	天海祐希 O
2018年2月	**綾瀬はるか B**	新垣結衣 A	天海祐希 O
2018年2月	**綾瀬はるか B**	新垣結衣 A	天海祐希 O
2019年2月	**綾瀬はるか B**	新垣結衣 A	天海祐希 O

AKB48選抜総選挙上位16位までの血液型

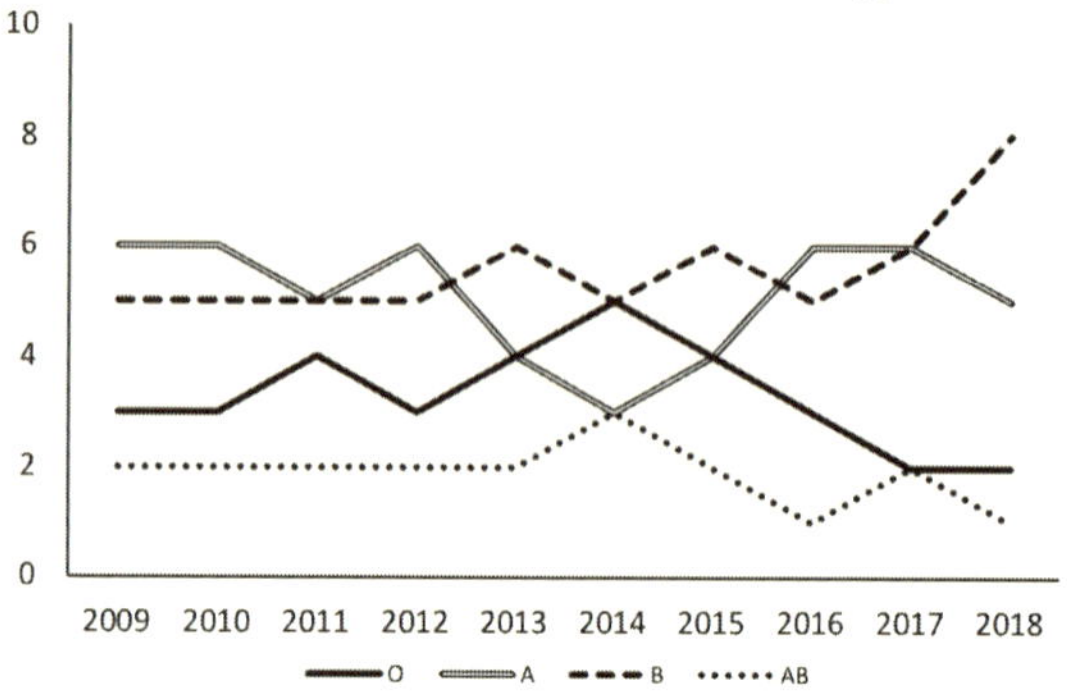

直感的にわかるように、A型を下線、B型を**太字**にしてみました。２００８年ごろを境にして、以前は圧倒的な人気だったA型が、B型に逆転されたことがわかります。もっとも、最近ではドラマ「逃げるは恥だが役に立つ」のヒロイン役で、「恋ダンス」が大ヒットしたA型の新垣結衣の人気も高まっているようです。なお、ここでは数字は出しませんが、１９７０年ぐらいまではO型の女性タレントが目立っていました。

別な例として、AKB48選抜総選挙の結果を見てみましょう。上のグラフは、２００９年に始まった第1回から最新の２０１８年の第10回まで、上位16位の血液型別人数を集計したものです。

第1回から第4回までは、前田敦子に代表されるA型勢が多かったのですが、これまた２０１３年ご

現役九段以上の血液型

調査時期	O型	A型	B型	AB型	出　典
1998年	1人	**7人**	3人	2人	『将棋王手飛車読本』
2015年	**12人**	9人	5人	3人	『将棋年鑑』
2018年	10人	**12人**	5人	3人	『血液型別将棋棋士一覧』

太字は最多の血液型

ろを境にして、大島優子などのB型勢に逆転されたことがわかります。ただ、最近になると、またA型が増えてきたようです。これは、AKB48の姉妹グループのメンバーが続々ランクインしてきた影響だと思いますが、確実なことを言うためには、もう少し細かい分析が必要になるでしょう。

B型女性が人気なのは、エンターテインメントのメディアがテレビからネットに移りつつあるからでしょうか。AKBに限って言えば、握手会の影響も大きいはずですが、残念ながら確たるエビデンスは発見できませんでした。

時代で変わる将棋棋士

2018年の将棋界の主な出来事としては、A型高校生棋士の藤井聡太七段が、破竹の快進撃を続けていることが挙げられます。藤井七段のせいもあるのか、現在の最大勢力はA型棋士で、

名人と挑戦者の血液型

年度		名人		挑戦者
1937-1938	A	木村 義雄	-	-
1939-1940	A	木村 義雄	?	土居市太郎
1941-1942	A	木村 義雄	?	神田辰之助
1943-1944	A	木村 義雄	-	-
1945-1946	A	木村 義雄	-	-
1947	A	木村義雄	?	塚田正夫
1948	?	塚田正夫	B	大山康晴
1949	?	塚田正夫	A	木村義雄
1950	A	木村義雄	B	大山康晴
1951	A	木村義雄	A	升田幸三
1952	A	木村義雄	B	大山康晴
1953	B	大山康晴	A	升田幸三
1954	B	大山康晴	A	升田幸三
1955	B	大山康晴	?	高島一岐代
1956	B	大山康晴	?	花村元司
1957	B	大山康晴	A	升田幸三
1958	A	升田幸三	B	大山康晴
1959	A	升田幸三	B	大山康晴
1960	B	大山康晴	A	加藤一二三
1961	B	大山康晴	?	丸田祐三
1962	B	大山康晴	B	二上達也
1963	B	大山康晴	A	升田幸三
1964	B	大山康晴	B	二上達也
1965	B	大山康晴	?	山田道美
1966	B	大山康晴	A	升田幸三
1967	B	大山康晴	B	二上達也
1968	B	大山康晴	A	升田幸三
1969	B	大山康晴	B	有吉道夫
1970	B	大山康晴	B	灘 蓮照
1971	B	大山康晴	A	升田幸三
1972	B	大山康晴	B	中原 誠
1973	B	中原 誠	A	加藤一二三
1974	B	中原 誠	B	大山康晴
1975	B	中原 誠	B	大内延介
1976	B	中原 誠	AB	米長邦雄
1977		(主催者変更中のため中止)		
1978	B	中原 誠	A	森 雞二
1979	B	中原 誠	AB	米長邦雄
1980	B	中原 誠	AB	米長邦雄
1981	B	中原 誠	O	桐山清澄
1982	B	中原 誠	A	加藤一二三
1983	A	加藤一二三	O	谷川浩司
1984	O	谷川浩司	B	森安秀光
1985	O	谷川浩司	B	中原 誠
1986	B	中原 誠	B	大山康晴
1987	B	中原 誠	AB	米長邦雄
1988	B	中原 誠	O	谷川浩司
1989	O	谷川浩司	AB	米長邦雄
1990	O	谷川浩司	B	中原 誠
1991	B	中原 誠	AB	米長邦雄
1992	B	中原 誠	A	高橋道雄
1993	B	中原 誠	AB	米長邦雄
1994	AB	米長邦雄	AB	羽生善治
1995	AB	羽生善治	AB	森下卓
1996	AB	羽生善治	O	森内俊之
1997	AB	羽生善治	O	谷川浩司
1998	O	谷川浩司	O	佐藤康光
1999	O	佐藤康光	O	谷川浩司
2000	O	佐藤康光	A	丸山忠久
2001	O	丸山忠久	O	谷川浩司
2002	O	丸山忠久	O	森内俊之
2003	O	森内俊之	AB	羽生善治
2004	AB	羽生善治	O	森内俊之
2005	O	森内俊之	AB	羽生善治
2006	O	森内俊之	O	谷川浩司
2007	O	森内俊之	O	郷田真隆
2008	O	森内俊之	AB	羽生善治
2009	AB	羽生善治	O	郷田真隆
2010	AB	羽生善治	A	三浦弘行
2011	AB	羽生善治	O	森内俊之
2012	O	森内俊之	AB	羽生善治
2013	O	森内俊之	AB	羽生善治
2014	O	森内俊之	AB	羽生善治
2015	AB	羽生善治	O	行方尚史
2016	AB	羽生善治	A	佐藤天彦
2017	A	佐藤天彦	AB	稲葉 陽
2018	A	佐藤天彦	AB	羽生善治
2019	A	佐藤天彦	B	豊島将之

(網掛けが勝利者、1977 年度は主催者変更中のため中止、太枠は現役棋士)

数年前にO型を逆転してしまいました。もう一つの出来事としては、AB型の羽生九段が竜王戦でA型の広瀬章人八段に破れ、すべてのタイトルを失って無冠となったことが挙げられます。

ところが、過去のデータを調べてみると、20年ほど前には、O型棋士はほとんど目立ちません。1998年のデータ（107頁の表）を見ると、現役で九段以上はたったの一人で、最も少ない血液型だったのです。

O型が急激に増えたのは、どうやらAB型の羽生九段に対して、O型の勝率が高いことが原因のようです。かなり昔の1973年のデータが、能見正比古氏の『血液型人間学』にあります。それによると、プロ棋士の血液型は、多い順にA型12人、B型7人、O型5人、AB型3人。やはり昔のO型棋士は、どちらかというと少数派です。

もう少し詳しく調べてみたいのですが、過去に遡って棋士全員の血液型を調べるのは時間的にも不可能です。そこで、8つのタイトルのなかで最高峰とされ、最も歴史の長い名人戦のデータを分析した結果を報告しておきます（前頁）。ここでまた、少々不思議なことを発見しました。なぜか、将棋の名人にも挑戦者にも、2019年になるまではB型の現役棋士が一人もいなかったのです。

名人戦の勝者のうち、最ものべ人数が多いのは、B型の35人で、続いてA型とO型が15人ずつ、AB型が一番少なくて10人です。これではあまりにも人数が少ないので、挑戦者の血液型も調べてみました。ここでもB型が最も多くて51人、次はO型の33人、僅差でA型の30人、AB型が僅差で続き28人です。

【歴代名人（獲得年順）】
木村義雄（A型）、大山康晴（B型）、升田幸三（A型）、中原誠（B型）、
加藤一二三（A型）、谷川浩司（O型）、米長邦雄（AB型）、羽生善治（AB型）、
佐藤康光（O型）、丸山忠久（O型）、森内俊之（O型）、佐藤天彦（A型）、
豊島将之（B型）

もう少しよく調べてみると、O型が増えてきた理由は、どうやら米長邦雄九段と、羽生善治九段の2人のAB型の出現にあると考えられます。というのは、次頁の表のとおり、名人戦で対戦した血液型は、名人と挑戦者が対照的な血液型である組み合わせが多いからです（A型 vs B型、O型 vs AB型）。AB型に強いのは、経験則ではO型で、

		挑戦者の血液型						
		O型	A型	B型	AB型	不明	対戦なし	総計
名人の血液型	O型	6	1	3	**7**			17
	A型	1	1	**5**	2	3	3	15
	B型	2	**12**	9	6	4		33
	AB型	**6**	2		2			10
	不明		1	1				2
	総計	15	17	18	17	7	3	77

名人戦で対戦した血液型は、名人からみると対照的な血液型が多い
（A vs B、O vs AB、太字で示す）

対してB型はA型に強いようです。

A型とB型の棋風については、こんなことが言われています。

・A型は一定の「型」、つまり定跡を重視する。
・B型は型を重視せずに、柔軟に対応する。

もっとも、どちらの血液型が強いのかというのは微妙です。将棋が手探りの時代に強かったのは、定跡を身につけたA型の木村義雄名人でした。それを打ち崩したのは、定跡にとらわれず、独特の勝負感を身に付けた、B型の大山康晴名人や中原誠名人でした。大山・中原のB型優位の時代は、戦後まもなくから1980年代までで、30年以上の長期間続きます。しかし、その後に、パ

ソコンに堪能な羽生善治九段が登場し、名人、王将、棋聖など、当時7つのすべてのタイトルを総なめにして将棋界を席巻します。ＡＢ型は、物事を多面的に捉え、分析するのが得意ですし、大好きなのです。

しかし、そうして勝ちパターンが見えてくると、O型の棋士が活躍し始めます。O型は、目標が明確に設定され、手段もはっきりすると猛烈な強さを発揮するからです。最近では、定跡もかなり整備されたそうで、そうなると「型」を身につけるのが得意な棋士、つまり藤井聡太七段に代表されるA型が伸びてくることになりました。

結局、結論としては、将棋に向いている血液型は「ない」ということです。第一章のスポーツで見たように、勝つための条件が一定していれば、それは特定の血液型に有利に働きます。逆に、ルールが同じでも、状況が変化すれば有利な優位な血液型も違ってきます。なんとなく、仁義なき戦国時代を連想させる風景ですね。私はつい、「最も強い者が生き残るのではなく、最も賢い者が生き延びる訳でもない。唯一生き残るのは、変化できる者である」というダーウィンの進化論の一節を思い出しました。

ノーベル賞受賞者の血液型

柔らかい話が続いたので、今度はもう少し真面目なテーマに移ります。

一昔前には、日本人がノーベル賞を受賞したということが大ニュースになりました。しかし、最近では毎年のように誰かが受賞しているので、騒ぎもかつてほどではないようです。では、ノーベル賞をとりやすい血液型というのはあるのでしょうか。

文学、平和賞を除く理系の賞の受賞者を数えてみると、現在までにO型　4人、A型　2人、B型　3人、AB型　3人が受賞しています。血液型の不明者が多いので断定は出来ませんが、この数字から判断すると、ややA型が少ないように思えます。

理系の賞は、文系とは違って、オリジナリティーが最重要視されます。ノーベル賞の選考委員会は、新発見や新技術を製品化・企業化したとか、応用面に功績があったかということはほとんど問題にしません。そうではなく、誰が最初にそのアイデアを思いついたかを徹底的に調べ上げるのです。A型は細かな改善が得意ですが、全く新しいものを考え出すのはやや苦手な様子が見て取れます。ただし、これは日本人の傾向なので、欧米などの海外では別な傾向になっている可能性も捨てきれませんが……。

ノーベル賞受賞者

	受賞年	受賞者	血液型	分野
血液型判明者	1949	湯川秀樹	O	物理
	1965	朝永振一郎	A	物理
	1968	川端康成	O	文学
	1973	江崎玲於奈	AB	物理
	1974	佐藤栄作	A	平和
	1981	福井謙一	A	化学
	1987	利根川進	AB	医学
	1994	大江健三郎	A	文学
	2000	白川英樹	B	化学
	2001	野依良治	O	化学
	2002	小柴昌俊	O	物理
	2002	田中耕一	B	化学
	2012	山中伸弥	B	医学
	2015	大村　智	O	化学
血液型不明者	2008	南部陽一郎		物理
	2008	小林　誠		物理
	2008	益川敏英		物理
	2008	下村　脩		化学
	2010	鈴木　章		化学
	2010	根岸英一		化学
	2014	赤崎　勇		物理
	2014	天野　浩		物理
	2014	中村修二		物理
	2015	梶田隆章		物理
	2018	本庶　佑		医学

まとめ

・小説家と漫画家は、サービス精神にあふれ、エンターテインメント性に優れるA型が強い。
・SFと推理小説はA型が少ない。
・女性タレントは、O型→A型→B型とメディアの技術革新によって人気が変わるらしい。
・ノーベル賞の理系の賞は、独創的な発明・発見に授与されるためか、改良・改善が得意なA型が少ない傾向がある。
・将棋は、強い血液型がA型→B型→AB型→O型と時代によって変わってきている。

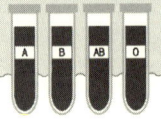

【コラム】 血液型のうた

シンガーソングライターの西野カナさんはA型です。

私が見るに、彼女の歌詞のポイントは「お笑い」あるいは「癒し系」でしょう。断じて、いわゆる「肉食系」ではありません。このお笑いの取り方が、リスナーのツボを心得ていて実にうまいのです。能見正比古氏の本では、A型はお笑いが大好きで、それはストレスを解消するためだとあったかと記憶していますが、見事にぴったり当てはまっているようです。そうしたら、なんと2016年に、ずばりそのものの「A型のうた」という曲を発表したのでびっくりしました。

♪几帳面で有名だけど

♪部屋は散らかってる意外と

まあ、そりゃそうでしょう。A型にもいろいろな人がいます。私の知っているA型女性でも、部屋が散らかっている人は数え切れない……とは言いませんが、結構います。

♪だけどドアが1センチでも開いていたらもう眠れない

【コラム】血液型のうた

これは、Ａ型の安全指向性でしょうか。Ｂ型はそうじゃないし、ＡＢ型は眠くなったら寝てしまうので……。

♪だって私Ａ型だし
♪やっぱりあれこれと細かい
♪たまにマイペース……

別な曲の「Darling」では、

♪まだテレビつけたままで スヤスヤ どんな夢見てるの？
♪靴下も裏返しで もー、 誰が片づけるの？

これはお笑い、そしてよく気がつくＡ型ということでしょう。他の血液型だったら、ここまで細かいことを気にしないのではないかなと思うのですが……。

いずれにせよ、他の血液型だったらこういう歌詞にはならないと思います。最近聞いた話だと、西野カナさんは曲のとおりの性格で、やはり完璧主義だそうです。さすがＡ型！

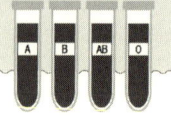

【コラム】国民栄誉賞受賞者の血液型

２０１９年４月29日に放送されたフジテレビの「石橋貴明のたいむとんねる」では、国民栄誉賞の受賞者の血液型を紹介していました。この番組によると、ちょっと意外に思うかもしれませんが、Ｂ型が一番多くて８人、次はＯ型の６人、Ａ型が４人、ＡＢ型１人の順でした。Ｂ型は、常識にとらわれないので、国民的大スターを輩出することが多く、これは大相撲やプロ野球などにも見られる傾向です。ちなみに、賞を辞退したイチローと福本豊の両選手もＢ型です。この２人を含めると、統計的にもＢ型が多いことになります（危険率３％）。

【Ｏ型】王貞治、衣笠祥雄、高橋尚子、松井秀喜、美空ひばり、吉田沙保里
【Ａ型】井山裕太、植村直己、千代の富士、山下泰裕
【Ｂ型】渥美清、伊調馨、黒澤明、大鵬、長嶋茂雄、羽生結弦、森光子、森繁久彌
【ＡＢ型】羽生善治

第四章　愛情と恋愛と血液型

データで見る愛情と恋愛

この章では、愛情と恋愛の場面で際立つ血液型の特徴を、実際の数字で確認します。

血液型と性格のパイオニアである能見正比古氏は、著書『血液型愛情学』（194頁）で、「O型はまっしぐらに相手を獲得しようとする」「A型は一筋に思い詰めて損得利害を忘れる」「B型は、ただ相手との接触に熱中し、没頭する」「AB型は、ひとり憧れをエスカレートさせる」と述べています。

これらの特徴を簡単にまとめると、**O型は一番異性獲得能力が高く、AB型が最も低い**ことになります。

同じ『血液型愛情学』（144頁）では、男性の女性タレントへの好感度を分析し、男性は違う血液型の女性に惹かれ、それとは反対に、**同じ血液型だと惹かれにくい**とあります。

では、これらの傾向、つまり、①O型は異性獲得能力が高い、②AB型は異性獲得能力が低い、③同じ血液型同士は惹かれにくい、を実際のデータで確認してみることにしましょう。

熱い恋のランキング

まずは、〝熱い恋〟のランキングについて、能見氏の解説を読んでみてください。①②③がすべて具体的な数字で裏付けられています。

次の表は、恋愛結婚の回答率を多い順に並べたものである。回答の〝熱い恋愛〟と〝まあ恋愛〟の合計値は、つまり恋愛結婚と言うことだ。**O型が男女とも、多く上位に分布する**（**太字**）ことが歴然としている。恋愛のステージは、なんと言ってもO型ということが言えそうである。

もう一つ驚くのは、**AB型の夫の組が最下位にズラリと並ぶ**（**波線**）ことだ。A

B型は、冷静堅実な結婚が多いが、ときには空想的で夢のような恋に酔う。しかし、それはやはり女性に多い傾向ということを示している。

（『ABO MATE』1980年9・10月号）

表を眺めてみると、なぜか**同じ血液型同士の恋愛が少ない**のも目につきます。

熱い恋のランキング

月刊『主婦と生活』1981 年 10 月号
調査数 2500 組回答
“熱い恋愛”と“まあ恋愛”の合計値

順位	夫－妻	回答率（%）
1	O － AB	66.7
2	B － O	66.5
3	O － B	65.4
4	B － B	61.0
5	A － O	59.5
6	A － AB	59.4
7	O － O	59.2
8	O － A	58.5
9	A － B	57.6
10	A － A	55.3
11	B － AB	53.6
12	B － A	53.4
13	AB － A	53.3
14	AB － B	53.3
15	AB － O	50.6
16	AB － AB	44.4

【男性】異性獲得能力ランキング

全16組における夫の血液型(4組)の平均順位

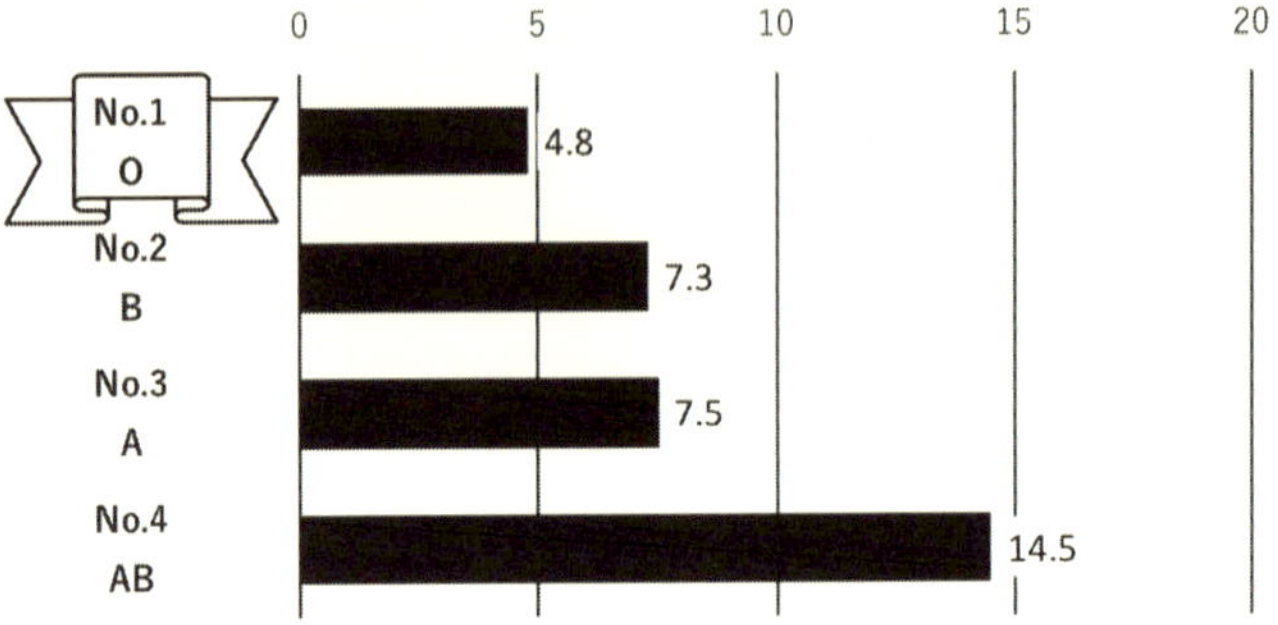

☞O型が1位でAB型が大差で最下位

【女性】異性獲得能力ランキング

全16組における妻の血液型(4組)の平均順位

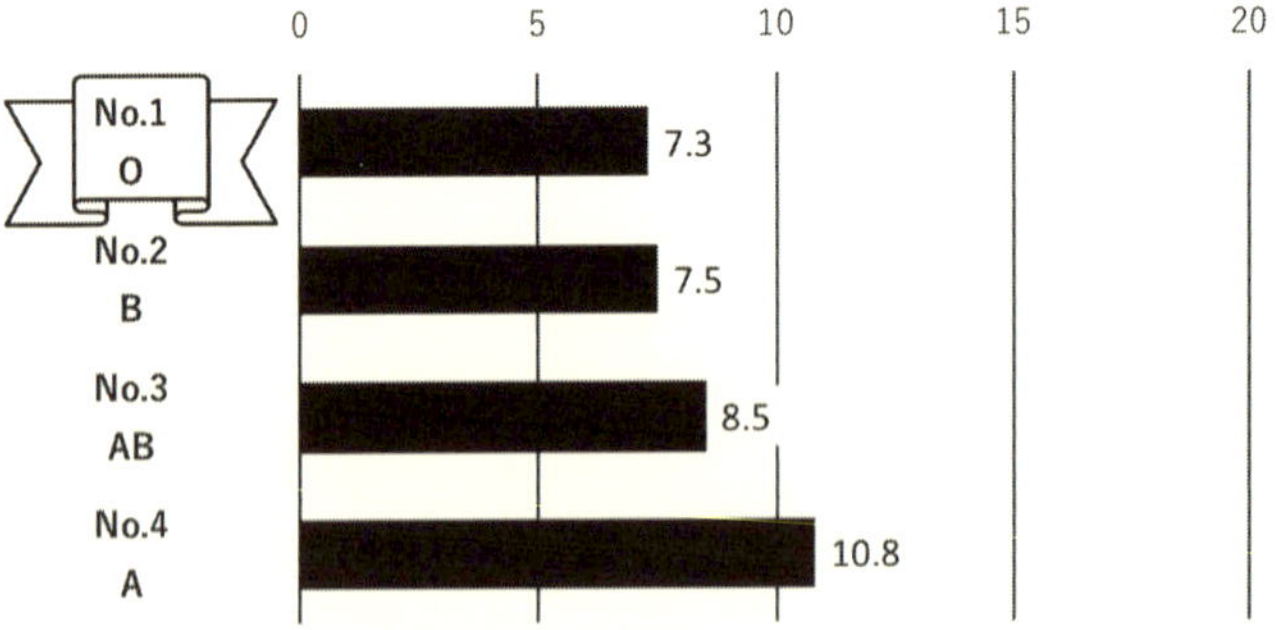

☞O型が1位でA型が最下位

さて、血液型ごとの特徴を調べるために、男女別異性獲得能力ランキングを計算してみました。前頁のグラフは、すべての組み合わせ16組から、各血液型4組の順位を算出したものです。

見たとおりで、これまた相当面白い結果が出ています。男性と女性のどちらも**O型が1位**なのは事前に予想したとおりです。ところが、**最下位の血液型は、男性はAB型**なのですが、女性はなぜかA型です。その理由として、男性のAB型は積極性に欠けることが挙げられるでしょう。女性でA型が最下位なのは、持ち前の慎重さから、男性に騙されることを極度に警戒しているためだと思います。

もう一つ面白い点は、男性は女性に比べて血液型同士の違いが目立つことです。昔の恋愛は、男性側が能動的に動き、女性は受動的な態度だったことを示していると言えそうです。現在はどうなのでしょうか?

同じ血液型はもたない

先ほど、**同じ血液型同士の恋愛が少なめ**なのも注目点ですと書きましたが、ほかにも

カップルにみる相性　　単位:%

		恋人の血液型		
		O 型	A 型	B 型
自分の血液型	O 型	**-26.7**	32.6	-6.5
	A 型	8.3	**-13.3**	-5.4
	B 型	17.5	3.8	**-18.5**

※以下は、この報告書（★1）の該当部分

（4）まとめ

上記3つの血液型からみる血液型相性では、**自分とは違う血液型の人と恋人関係になるとその付き合いは比較的長く続き、逆に、同じ血液型の人と恋人関係になっても、その付き合いはあまり長く続かない**ことがわかる。また、相性の良い血液型はA型×O型とA型×B型であると考えられる。

表2-4-4は、それぞれの結果から、対応する全体の血液型の差を表したものである。よって、プラスの値であれば全体の血液型よりも割合が高く、マイナスの値であれば全体の血液型よりも割合が低いということになる。なお、色づけしてある箇所は、便宜上ではあるが絶対値で8％以上の値になっている欄である。

表2-4-4 カップルにみる血液型分布の差

		A型	O型	B型	AB型
A型	最短	3.5	-11.1	14.1	-6.5
	最長	-9.8	-2.8	8.7	3.8
O型	最短	-24.9	22.5	2.7	-0.2
	最長	7.7	-4.2	-3.8	-2.8
B型	最短	6.4	-27.5	15.2	6.0
	最長	10.2	-10.0	-3.3	3.0

[単位：%]

（サンプル 文教大学情報学部学生140人、2007年10月末現在）

同じ傾向が報告されています。ここでは、10年ほど前の2007年に、文教大学の学生を対象にした調査結果を紹介しておきます[★1]。

この調査では、文教大学の情報学部学生からボランティアを募り、最終的に140人からアンケート調査票を回収しました。そして、カップルの血液型の組み合わせごとに、つき合った期間の長さを調べ、その結果を比較することにしました。

生の数字ではわかりにくいため、恋人の期間が「最長」と回答した割合から「最短」と回答した割合を引いた「最長−最短」を計算したものを前頁の表に示します。

この「最長−最短」という**数値が大きければ大きいほど関係が長く続き、逆に小さいほどその血液型のカップルは短命**なことになります[★2]。なお、ＡＢ型はサンプルが少ないため省略しました。

結果ですが、**太字**で示したとおり、同じ血液型のカップルの数値はすべて大幅なマイナスとなり、いずれもすべてその血液型の中で最低の値を示しています。

つまり、**自分とは違う血液型の人と恋人関係になると付き合いが長く続き、逆に、同じ血液型の人と恋人関係になると付き合いは長く続かない**のです。

もう少し細かく見ると、Ｏ型は最短と最長の差がはっきりしていて、決断力も早い様子も見て取れます。

★1　情報学部広報学科3年　松崎宏美「性格と恋愛にみる血液型効果」『文教大学情報学部社会調査ゼミナール研究報告』２００８年2月

（サンプル　文教大学情報学部学生１４０人　２００７年10月末現在）

★2　元の報告書にある表では、数値は、「最長」という回答が多いほど関係が長く、「最短」という回答が多いほど関係が短いことを表しています。このまま生の形ではわかりにくいので、結果を単純化して直感的に理解できるようにするために、新たに「最長」と答えた数値から「最短」と答えた数値をマイナスした「最長−最短」という数値を算出しました。この数値同士を比較すれば、関係が長いか短いかが一発でわかることになります。

まとめ

・同じ血液型は恋愛関係になりにくく、なっても短期間なことが多い。
・一般的には、違う血液型の異性に惹かれやすい。
・O型男性は最も異性獲得能力が高く、対してＡＢ型男性は最も能力が低い。

【コラム】血液型ジョーク

能見正比古

大学の寮にゴロゴロしていたころである。一室５人。そのうちのO型の男が結婚したが、ある朝、突然飛びこんできて、嵐のようにわたしたちをたたき起こして回った。

「さあ、新婚初夜のてんまつをつぶさに聞かせてやるぞ！」

こんな話、つまりエッチな話と自分の体験談になるとO型は目がランランとしてくる。一とおり話し終えると、彼はケロッとして、

「他にもあいさつしてくる。ちょっと、これあずかってくれ」

と、一升瓶を残して去った。怒り狂っていたわたしたちが素直にあずかるわけがない。たちまち車座になって一升の酒を飲み尽くし、からの瓶には、お茶を薄めて、酒の色に似せて、つめておいた。いや、わたし一人がそんな悪事をしたわけではない。B型らしくアイデアを提出しただけである。O型は戻ってきて、

「この酒は、女房の実家のみやげで、いまから、仲人の先生のところへ持って行くんだ」

と、問わず語りに言い残しお茶入り一升瓶をさげて出て行った。わたしたちは、顔を

見合わせた。以下は、後日聞いた話である。

「これは、女房の郷里の地酒です」

と瓶を出された先生は喜び、昼間から、おつまみなど、そろえて酒席を作った。先生はA型である。その酒の色をしたお茶を口に含んだときの先生のセリフが、A型サービス精神をあますところなく伝えて泣かせるのだ。

「うーん、さすが地酒はちがう、うまい！」


（1980年11月号）

第五章　ＡＩと血液型

ＡＩで血液型を当てる法

世の中では、最新のＡＩ（人工知能）を使ったディスプレイやスピーカーが話題となっています。私も時流に乗り遅れてはいけないと、早速アマゾンエコーとグーグルホームを入手しました。コンピューターシステムに血液型があるはずがないのですが、実際に使ってみて、血液型を質問してみると、冷たく無視される機種もあれば、ユーモアにあふれる回答をしてくれる機種もあります。ＡＩでも血液型が違うせいでしょうか。気になるかたは、ぜひご自分で試してみてください。

この章では、データによる検証のしめくくりとして、現在世の中でホットな話題になっているＡＩを、血液型に応用した結果を紹介します。ゲーム感覚の軽い気持ちで楽しんでいってください。

さて、これだけ血液型ごとに差が出ているなら、ＡＩなら相当の確率で人の血液型を当てられるはずです。夢があって楽しそう話ですよね。絶対に誰かがやっているはずだと、あちこちを探してみたのですが、残念ながらどこにも見つかりません。しょうがないので、自分でやってみることにしました。

もっとも、ＡＩとはいっても、そう難しく考えることはありません。いままで人間がやっていたことをコンピューターにやらせるだけです。基本的にはこんなことをすると思ってください。

① 血液型の特徴が出そうな質問でアンケートの調査票をつくる
② アンケート調査をして大量の回答データを集める
③ 集めた回答を分析する

一昔前までは、②の回答データを集めるのが一番大変でした。何千人ものアンケート調査をするためには、かなりの時間とお金が必要なのです。しかし、現在ではインターネット調査が簡単に出来るようになったので、費用が劇的に下がり、それほど無理をしなくとも個人で手が出せるようになりました。技術の進歩はものすごいですね。

ＡＩが出る前は③もネックでした。単純な集計ならエクセルなどの表計算ソフトで出来るのですが、血液型当てに使うような高度かつ複雑、そして厳密な計算をするためには、高価な専用ソフトが必要だったからです。

しかし、最近になってＡＩが個人でも簡単に使えるようになると、かなり事情が変わってきました。現在のＡＩでは、簡単な分析なら、手間がかかる専用プログラムの作成は一切不要です。それなりの量のデータをインターネット調査で集めさえすれば、あとは専用のコンピューターシステムに「おまかせ」で処理してもらえます。技術が進歩したおかげで、以前に比べると格段に敷居が下がったのです。

結果ですが、アマゾンのＡＩ（機械学習＝ＭＬ）を使ってやってみたところ、２種類のデータのどちらも正解率は42％でした。血液型は４種類なので、偶然で当たるのは25％の確率ですから、それよりはずっと高くなりました。もっとも、すべてＡ型だと推測すれば、日本人なら38・１％は当たります。ですので、テスト段階の結果としてならまずまずかと思います。

次からは、その内容を簡潔に紹介しましょう。

その1　4000人のアンケート

私の手元には、2004年にDIMSDRIVEという会社が4094人に行ったアンケートがあります。まず、このデータで血液型当てをやってみました。残念なことに、4000人余りの回答の中には、「無回答」「わからない」「どちらでもない」など、そのままでは使えないものも多いため、利用できるのは1371人だけと、大幅に減ってしまいました。

これら貴重なデータのうち、相当の人数をAIの「学習用」に割く必要があります。AIだからといって、人間より頭がいいわけではないのです。人間だったら「1」を聞いて「10」を知る人もいないわけではないのですが、現在のAIでは、いくら頑張っても「1」を聞いて「1」を知るがせいぜいで、普通は「10」を聞いて「1」を知るぐらいです。

結局、1371人のうち1271人を学習用のデータに使って、残りの100人の血液型を推測することで我慢することにしました。気になる正解率は42％です。

【血液型推測の結果と質問項目（その1）】
［使用データ］　ＤＩＭＳＤＲＩＶＥ（２００４年）の４０９４人
［学習データ］　１２７１人（「無回答」「わからない」「どちらでもない」などは除いた）
［推測対象］　１００人
［正解率］　42％
［質問項目］
　１　性別
　２　婚姻状態
　３　以下の質問に答えてください（スコア：1～5）
　ａ　日頃、気分が落ち込んだり動揺しやすい方だ
　ｂ　将来や先のことについて他人より心配してしまう方だと思う
　ｃ　日常で、それほどストレスを感じていない
　ｄ　精神的ダメージがあると体に変調が表れる

e　食べ物や生活空間の匂いには敏感だ

4　自分と最も気が合わない、あるいは苦手と思うのは次のうちどのようなタイプの人ですか。

5　極度のストレスや不安に襲われたとき、あなたはどうしますか。あるいはどうすると思いますか。

a　どんな場合でも何とかなると思う
b　イチかバチか開き直る
c　眠って忘れようとする
d　思いもよらない行動を取りそうな気がする
e　寝込んでしまうかもしれない
f　そのような状況は自分には起こらないような気がする

6　あなたは、どのような友人を求めますか。

a　お互いを高めあえるような友人
b　理解し合える関係の友人
c　相談相手になれるような頼れる友人

ｄとにかく一緒にいて楽しいと思える友人
ｅ広く浅く付き合う関係の友人（特別な関係の友人は必要ない）
ｆその他
７年齢（人数が多い20代から50代までを10歳ごとのグループに分けた）
８職業
ａ専門・技能職　ｂ営業職　ｃ管理職　ｄ経営者　ｅ一般事務職
ｆ自営業　ｇ主婦　ｈ学生　ｉ無職（ｊその他は除いた）
９血液型（不明は除いた）

※同じ方法で男女と年齢を推測してみたところ、男女の正解率は44％、年齢では15％と、まったく当たりませんでした。たぶん、質問が適していないためだと思われますが、まさに「がっかりＡＩ」です。終章で説明しますが、消費者調査で血液型の差が出ないのと同じことなのかもしれません。

その2　1000人のアンケート

その1がうまくいったので、インターネットのアンケート調査で独自データを集めることにしました。費用を抑えるために、対象は1000人限定です。質問項目は、有名な特性を4つの血液型ごとに2つ考えました（いずれもスコア：1～5）。どこかで見たり聞いたりしたことのある質問ばかりです。

こちらは、知識を持っている人での正解率は、42・0%、全体では37・6%でした。まぐれ当たりの25%よりは高いのですが、実用化するにはちょっと低いかもしれません。

【血液型推測の結果と質問項目（その2）】
［使用データ］　1000人のインターネット調査（2018年）
　　　　　　　20代から30代の独身男女
［学習データ］　のべ4000人（800人×5回）
［推測対象］　のべ1000人（200人×5回）※同じ1000人を5分割

［正解率］　平均42・0％（正しい知識を持つ414人）
平均37・6％（合計1000人）

［質問項目］

1　協調性がある（A型）
2　仲間内では開放的である（O型）
3　他人から性格を理解されにくい（AB型）
4　マイペース型で、周囲の影響を受けにくい（B型）
5　思慮深く、物事に対し慎重な態度をとる（A型）
6　気分にムラがあって、ともすると二重人格のように見えることがある（AB型）
7　楽観的である（B型）
8　おおらかな性格である（O型）

その他の質問

a　血液型と性格は関係していますか？（スコア：1〜4、わからない）
b　あなたは血液の種類と性格に関する知識を持っていますか（スコア：1〜4）
c　血液型

d　性別
e　年齢（20代、30代）

今回のテストでは、実に示唆に富む現象に遭遇しました。最初にうっかりＡＩの設定を間違えて、30代女性のデータを使わないでしまったのです。なぜこんなに正解率が低いのかと疑問に思って調べてみたら、馬鹿馬鹿しいほど初歩的な設定ミスでした。そこで、間違った設定を修正してやり直してみたところ、てきめんに正解率が5〜10％ほど上がったのです。第二部で詳しく説明しますが、年齢や性別が性格に大きく影響しているることは明白です。まさに怪我の功名ですね。

詳しくは分析していないのですが、その1より正解率が低いように見えるのは、質問に職業が含まれていないからかもしれません。

まとめ

・ＡＩによる血液型当ての正解率は42％で、テストとしては満足すべき結果だが、実用化するには改善が必要。

・年齢や性別を考慮しないと、さらに正解率は下がる。

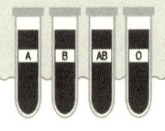

【コラム】ＡＩは顔写真から血液型を当てられるか？

２年ほど前に、顔写真から血液型を当てるという興味深い記事[★1]を専門誌で見つけました。しかし、結果は実に残念なものでした。正解率は27・８％とかなり低く（血液型は４種類なので、全くランダムでも４分の１の25％は当たる）、ほとんど血液型を正しく推測できなかったのです。しかし、それでもこの実験は、先駆的な取り組みとして高く評価されるべきものでしょう。

血液型による顔の違いですが、能見正比古氏によると、Ｏ型は丸い額《ひたい》、Ａ型は富士額、Ｂ型は三角眉、ＡＢ型は黒眼がちな人が多いとかあるようです。どうやら血液型で骨格も違うらしく、Ｂ型はなで肩で頸骨が低く位置していて、骨が細い人が多いらしいですが、私にはさっぱりわかりません。

さて、この記事によると、６０００枚の顔写真を１２８×１２８のエリアに分割してＡＩ専用のコンピューターに学習させたそうなのですが、はっきりいって解像度はかなり低いです（ちなみにフルハイビジョンは１９２０×１０８０画素）。

残念な結果に失望した研究者たちは、様々な顔のパーツ（たとえば鼻）の特徴に焦点を当てたり、あるいは顔の画像を正面向きに修正したりしましたが、結果は改善されなかったとのこと。もっとも、この実験だけで、「顔写真と血液型の間に関係はありません」と結論づけるのは早すぎると思うのですが……。

★1　中村 仁昭、岩貞 智「画像ディープ・ラーニングの学習はクラウドが良し！　顔写真から血液型を当てるラズパイ人工知能に挑戦してみた（注目特集　ビギナ向け！ラズパイ×クラウド人工知能：ＧＰＵも１００円から！）」『インターフェース』２０１７年４月号、ＣＱ出版社

第二部　心理学で見る血液型と性格

第二部のはじめに

かなり前のことですが、血液型の否定論の急先鋒で、大御所の心理学者とやりとりをした人から面白い話を聞いたことがあります。意外なことに、専門家は血液型と性格の関連性を認めないという〝公式発言〟とはまったく逆で、予想以上に肯定的だったそうです。

そもそも、わざわざ「関係ない」という論文を出しても、研究者としての業績にはプラスにはなりません。関係がある可能性を信じているからこそ、血液型にこだわっているわけです。もし関係がないと思うなら、のっけから無視しているはずですしね。心理学にとって重要な問題は、現実のデータが、既存の心理学ではうまく説明できないことで、だから「関係ない」と強硬に主張しているそうです。特に性格の部分で……。

しかし、この問題はもはや解決済みと言ってもいいでしょう。これからその内容を説明します。なお、もう少し詳しく知りたいかたのために、巻末の「補足説明」にやや専門的な解説を載せてあります。

第六章　否定論は全部ウソだった！

否定論は全部ウソだった！

日本では、血液型といえば性格の話題で大いに盛り上がります。しかし、アカデミックな世界では、現在でも否定的な見解が主流を占めています。心理学者などの心の専門家が、繰り返し「血液型と性格の関連性」を否定してきたことも大きな理由の一つでしょう。心理学の一部門として「性格心理学[★1]」があり、ほとんどの専門家が血液型との関連性を否定してきたことはまぎれもない事実です。

ただ、武田知弘氏の『本当はスゴイ！　血液型』を読んだ人や、かつて能見正比古氏の著書を読んだことがある人なら、どう考えても偶然とは思えない、まさに「奇跡的」といえる数字がずらりと並んでいるのを目にしているはずです。そのせいか、最近になって少し空気が変わってきたようにも感じられます。既に気がついている人もいるかもしれませんが、最近の専門家のほとんどは、統計調査の結果に何もコメントしていません（☞補足説明235頁参照）。それは、まえがきにも書いたように、**何十万人もの大規模調査の結果が、いままでの彼らの説明に合わない**ことが一般に知られるようになってきたからだと思います。つまり、端的に言うと、否定論は全部ウソだったのです！

なぜなら、**自分の性格についてのアンケート調査なら、必ず血液型によって差が出る**からです。え？　そんなバカな！　なんて思わないでください。この章と次の章で詳しく理由を説明しますが、内容は中学生でもわかるような、本当に単純なことなのです。

ではなぜ、こんなおかしなことが起きてしまったのでしょうか。一言で言うなら、血液型と性格の関連性をきちんと理解し、正しく分析するためには、心理学、統計学、生理学などの学際的な知識が必要になるからです。1つの分野だけに詳しい専門家では、あまり役に立たないのです。

血液型の影響は年齢や性別で変わる

では、具体的に何がどうおかしいのでしょう？

第1の問題は、繰り返しになりますが、多くの否定側の論者が、血液型の影響は年齢、性別、時代背景などに一切関係なく「全く同じ」としていることです。しかし、第一部で見たように、実際のデータを注意深く観察してみると、**血液型より年齢や性別の影響の方が大きいし、血液型の影響はその他にも様々な条件によって違ってくる**ことも少なくないのです。これは、普通の人なら直感的に理解できるはずです。

いきなり血液型の話から入るより、たとえ話のほうがわかりやすいかもしれませんね。そこで、身近な例として、男女の身長差を比較することを考えてみましょう。いうまでもなく、平均的な大人の男性は、平均的な大人の女性より背が高いわけです。

論より証拠で、実際の数字を見てみることにします。

文部科学省の統計（学校保健統計調査）によると、２０１８年度における高校３年生の男子生徒の平均身長は１７０・６センチメートル、対する女子生徒は１５７・８センチメートルです。男女の差は12・８センチメートルとなり、その比率は８%にも達しています。ただし、これはあくまでも平均に限った話ですから、一人ひとりを比べると、男性より背が高い女性はいくらでもいます。しかし、例外だけを強調してもしょうがありませんよね。**比較するのは、あくまで平均なのです**から。否定派心理学者の菊池聡氏も、こういっているぐらいです。

> 血液型学に限らず、おおよそすべての性格理論は統計的なものであって、集団全体の傾向としてしかとらえられない。たとえば筋肉を使った運動能力は女性よりも男性の方が優れていることに誰も異論はないと思うが、それでも特定の男性を取り上げれば、平均的な女性より力が弱い人はざらにいるだろう。**必要なのは個々の事例ではなく、統計的な事実なのである。**
>
> （菊池聡「不可思議現象心理学9　血液型信仰のナゾ―後編」
> 月刊『百科』1998年3月号）

これも言うまでもないことですが、男女の差を比較するには、その他の条件も同じでないといけません。文部科学省の同じ調査では、5歳の男児の身長は、110・3センチメートルです。だからといって、この数字を17歳の女子生徒の157・8センチメートと比較して、女性は男性より背が高いと結論を出したら、間違いなく笑われることでしょう。

年齢を無視すると正しく比較できない！

大人の男性は女の子より身長が高い

大人の女性は男の子より身長が高い

だから、女性は男性より身長が高い？

イラスト：モノポット（著作権フリー）

文部科学省 2018 年度学校保健統計調査より

図１　身長の平均値の推移

○男子

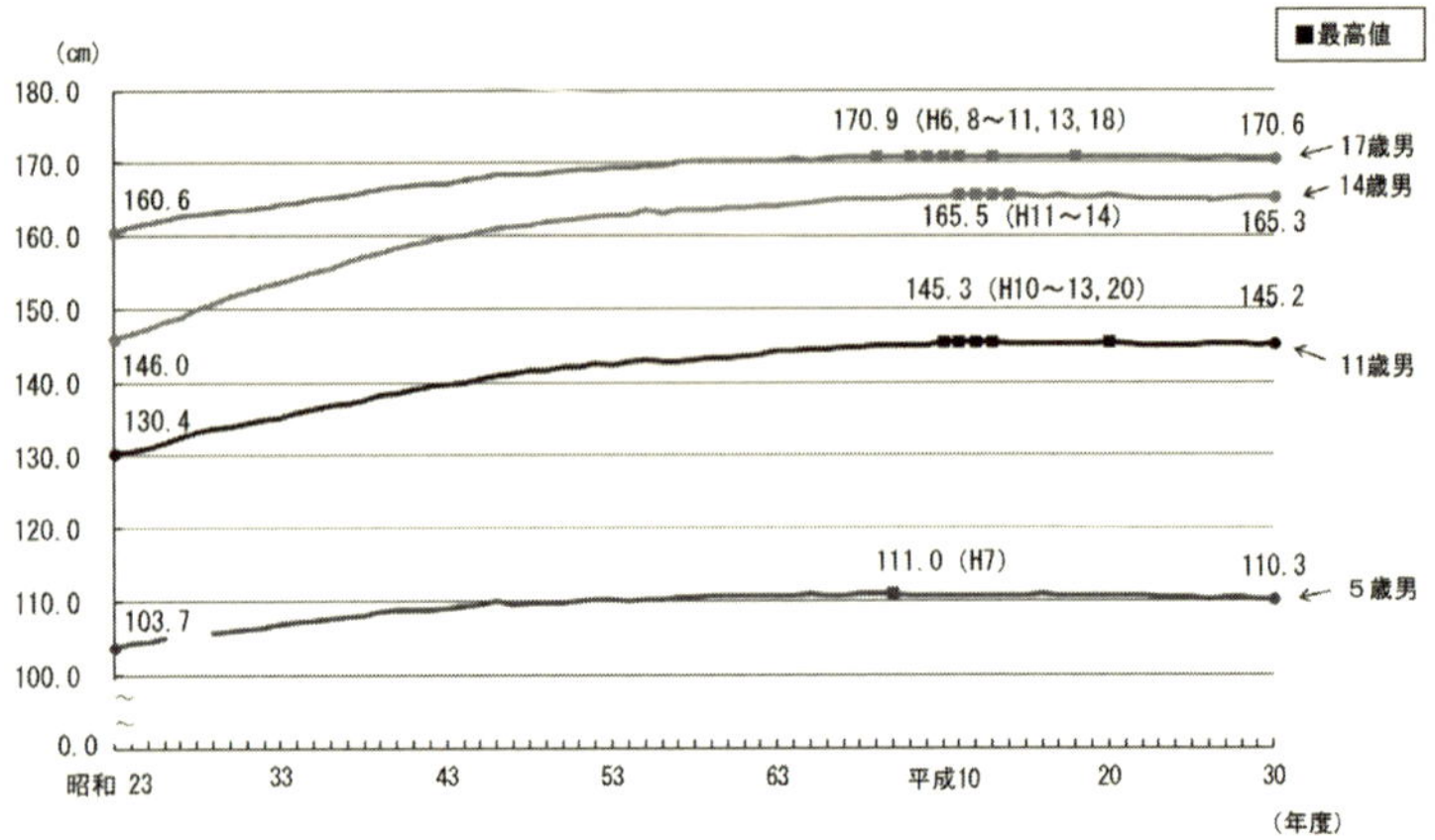

○女子

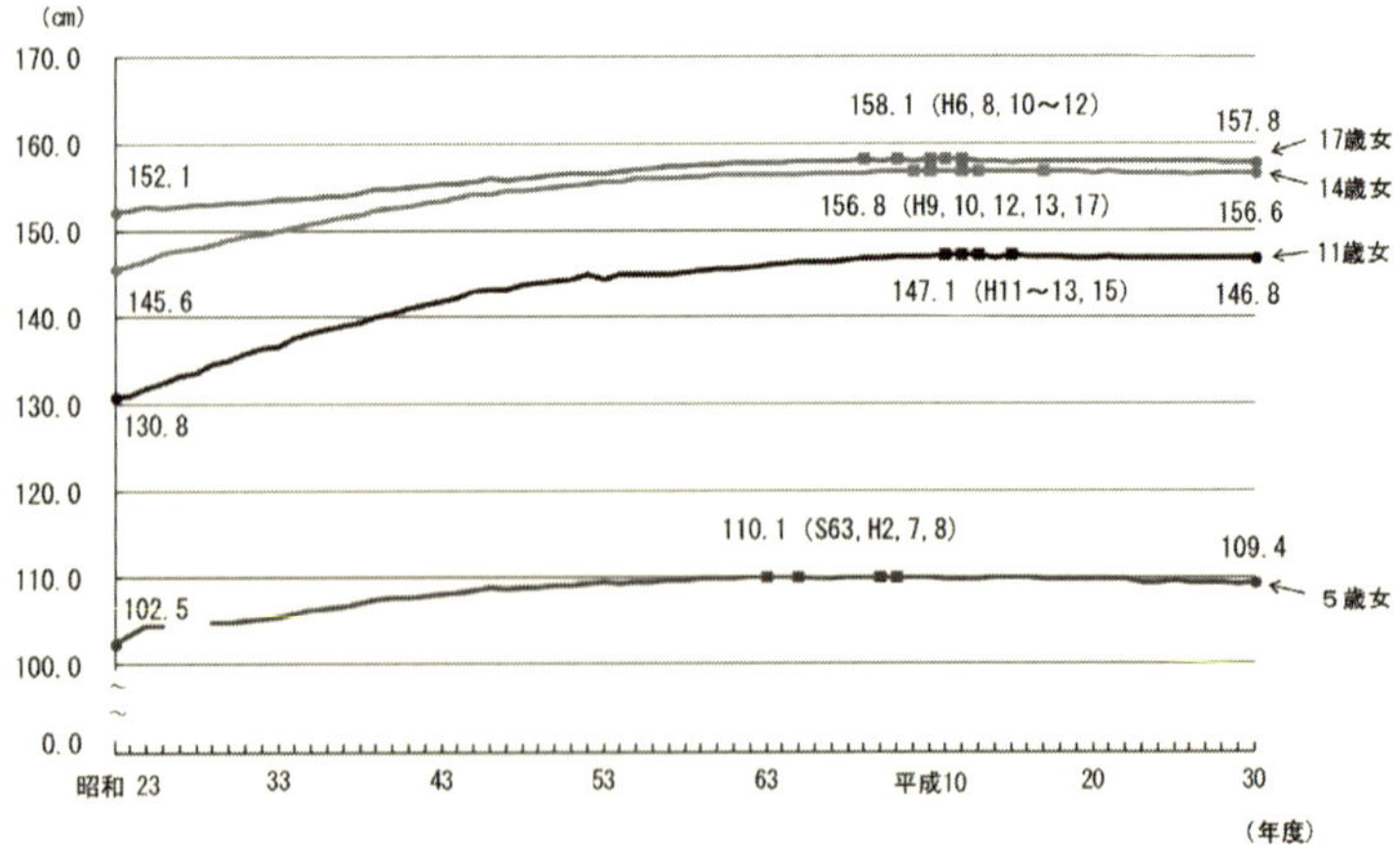

（注）５歳については，昭和 27 年度及び昭和 28 年度は調査していない。

鳥影社出版案内

2020

イラスト／奥村かよこ

choeisha

文藝・学術出版 鳥影社

〒160-0023 東京都新宿区西新宿 3-5-12 トーカン新宿 7F

TEL 03-5948-6470 FAX 03-5948-6471（東京営業所）

〒392-0012 長野県諏訪市四賀 229-1（本社・編集室）

TEL 0266-53-2903 FAX 0266-58-6771 郵便振替 00190-6-88230

ホームページ www.choeisha.com メール order@choeisha.com

お求めはお近くの書店または弊社（03-5948-6470）へ

弊社への注文は 1 冊から送料無料にてお届けいたします

＊新刊・話題作

出来事

吉村萬壱

季刊文科62〜77号連載「転落」の単行本化
芥川賞作家・吉村萬壱が放つ、不穏なるホンモノとニセモノの世界。 1700円

香害（化学物質汚染）から身を守る

古庄弘枝（二刷出来）

「香り」は日本中を席巻し、よかれと思ってつけるその香りが、隣人を苦しめ、大気を汚染している。「香害」です。 500円

「血液型と性格」の新事実

AIと30万人のデータが出した驚きの結論

金澤正由樹

スポーツ、政治、カルチャー、恋愛など、様々なシーンのデータを分析。血液型と性格の真新しい事実が、徐々に明らかに！ 1500円

漱石と熊楠 同時代を生きた二人の巨人

三田村信行（二刷出来）（東京新聞他で紹介）

いま二人の巨人の生涯を辿る。同年生まれイギリス体験、猫との深い因縁。並列して見えてくる〈風景〉とは。 1800円

五島列島沖合に海没処分された潜水艦24艦の全貌

浦環（二刷出来）

実物から受けるオーラは、記念碑から受けるオーラとは違う。実物を見よう！ 海底に眠る旧日本海軍の潜水艦の全貌。 2800円

反面教師として読んだ『文章読本』

原不二夫

日本語を書くすべての人々に贈る「文章読本」の決定版。文章を書く者すべてにとって、これは必須の一冊となるだろう。 2800円

地蔵千年、花百年

柴田翔（読売新聞・サンデー毎日で紹介）

芥川賞受賞『されど われらが日々―』から約半世紀。約30年ぶりの新作長編小説。戦後からの時空と永遠を描く。 1800円

詩に映るゲーテの生涯

柴田翔

小説を書きつつ、半世紀を越えてゲーテを読みつづけてきた著者が描く、彼の詩の魅惑と謎。その生涯の豊かさ。 1500円

入門フォーカシング 阿世賀浩一郎

身体と心のモヤモヤに効く技法、フォーカシングの絶好の入門書！ 600円

スマホ汚染 新型複合汚染の真実 古庄弘枝

放射線（スマホの電波）、神経を狂わすネオニコチノイド系農薬、遺伝子組換食品等から身を守る。 1600円

老兵は死なず マッカーサーの生涯 林義勝他訳

生まれから大統領選挑戦にいたる知られざる全貌の決定版・1200頁。 5800円

愛知ふるさと素描 河村アキラ

『名古屋ふるさと素描』に、新たに40枚を追加。愛知県内各地に残されたニッポンの消えゆく庶民の原風景を描く。1800円

純文学宣言

季刊文科25〜81

（61より各1500円）

〈編集委員〉青木健、伊藤氏貴、勝又浩、佐藤洋二郎、富岡幸一郎、中沢けい、松本徹、津村節子

【文学の本質を次世代に伝え、かつ純文学の孤塁を守りつつ、文学の復権を目指す文芸誌】

＊価格はすべて税別、本体価格です。

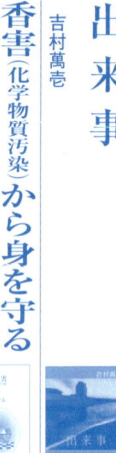

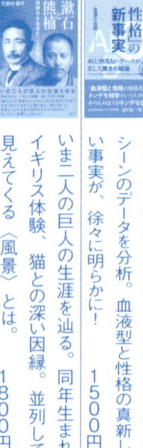

新訳金瓶梅（全三巻予定）

田中智行訳（朝日・中日新聞他で紹介）

三国志などと並び四大奇書の一つとされる金瓶梅。そのイメージを刷新する翻訳に挑んだ意欲作。詳細な訳註も。　3500円

アルザスワイン街道
―お気に入りの蔵をめぐる旅―

森本育子（2刷）

アルザスを知らないなんて！　フランスの魅力はなんといっても豊かな地方のバリエーションにつきる。　1800円

小鬼の市とその他の詩
クリスティナ・ロセッティ詩集

滝口智子訳

表題作他、生と死の喜びと痛みをうたう19世紀英国詩人のみずみずしい第一詩集、完訳。　2200円

ふわふわさんとチクチクさんのポケット心理学

心豊かに生きるための40のレシピ

小林雅美

ポケットに入るぐらい気楽な心理学誕生。人生を切り開く「交流分析」を40のレシピとしてわかりやすく解説。　1600円

シングルトン

エリック・クライネンバーグ／白川貴子訳

一人で暮らす「シングルトン」が世界中で急上昇。このセンセーショナルな現実を検証する欧米有力誌で絶賛された衝撃の書。　1800円

低線量放射線の脅威

J・グールド、B・ゴールドマン／今井清一・今井良一訳

低線量放射線と心疾患、ガン、感染症による死亡率がどのようにかかわるのかを膨大なデータをもとに明らかにする。　1900円

ドリーム・マシーン
悪名高きV-22オスプレイの知られざる歴史

リチャード・ウィッテル／影本賢治訳

これを読まずにV-22オスプレイは語れない！陸上自衛隊に配備されたオスプレイの知っておくべき歴史的事実。　3200円

フランス・イタリア紀行

トバイアス・スモレット／根岸彰訳

十八世紀欧州社会と当時のグランドツアーの実態を描き、米国旅行誌が史上最良の旅行書の一冊に選定。発刊から250年、待望の完訳。　2800円

ヨーゼフ・ロート小説集

平田達治　佐藤康彦　訳

第一巻　優等生、バルバラ、立身出世
サヴォイホテル、曇った鏡　他
第二巻　ヨブ・ある平凡な男のロマン
タラバス・この世の客
第三巻　殺人者の告白、偽りの分銅・計量検査官の物語、美の勝利
第四巻　皇帝廟、千二夜物語、レヴィアタン（珊瑚商人譚）
別　巻　ラデツキー行進曲（2600円）

四六判・上製／平均480頁　3700円

ローベルト・ヴァルザー作品集

新本史斉／若林恵／F・ヒンターエーダー＝エムデ　訳

カフカ、ベンヤミン、ムージルから現代作家にいたるまで大きな影響をあたえる。

1　タンナー兄弟姉妹
2　助手
3　長編小説と散文集
4　散文小品集Ⅰ
5　盗賊／散文小品集Ⅱ

四六判、上製／各巻2600円

一五〇年前のIT革命 岩倉使節団のニューメディア体験
松田裕之

「一身にして二生」を体験する現代人必読の一冊。AI時代を生き抜くヒントがここにある！ 1550円

岡谷製糸王国記 信州の寒村に起きた奇跡
市川一雄

富岡ではなく岡谷がなぜ繁栄？ 諏訪式機械と諏訪式経営、「工女ファースト」の実像、片倉四兄弟の栄光。 1600円

桃山の美濃古陶 古田織部の美
西村克也／久野治

古田織部の指導で誕生した美濃古陶の未発表の伝世作品の逸品約90点をカラーで紹介。桃山茶陶歴史年表、茶人列伝も収録。 3600円

頼朝が幾何で造った都市・鎌倉
平井隆一

鶴岡八幡宮 鎌倉大仏の謎が解けた！ 工学博士の歴史家が7年の歳月をかけて描いた本格的な歴史書！ 1500円

新渡戸稲造 人格論と社会観
谷口稔

多岐にわたる活動を続けた彼の人格論をベースに農業思想・植民思想・教育思想を論じ、思想の解明と人物像に迫る。 2200円

幕末の長州藩 西洋兵学と近代化
郡司健

海防・藩経営及び会計的側面を活写。西洋の産業革命に対し伝統技術で立向った長州藩の歴史。 2200円

天皇家の卑弥呼 誰も気づかなかった三世紀の日本
深田浩市（三刷）

倭国大乱は皇位継承戦争だった!! 日本書紀や魏志倭人伝、伝承、科学調査等から卑弥呼擁立の真の理由が明らかになる。 1500円

西行 わが心の行方
松本徹（毎日新聞書評で紹介）

季刊文科で「物語のトポス西行随歩」として十五回にわたり連載された西行ゆかりの地を巡り論じた評論的随筆作品。 1600円

浦賀与力中島三郎助伝 木村紀八郎
幕末という岐路に先見と至誠をもって生き抜いた最後の武士の初の本格評伝。 2200円

軍艦奉行木村摂津守伝 木村紀八郎
若くして名利を求めず隠居、福沢諭吉が終生敬愛したというサムライの生涯。 2200円

南の悪魔フェリッペ二世 伊東章
スペインの世紀といわれる百年が世界のすべてを変えた。黄金世紀の虚実1 1900円

不滅の帝王カルロス五世 伊東章
世界のグローバル化に警鐘。平和を望んだ偉大な帝王が続けた戦争。黄金世紀の虚実2 1900円

フランク人の事蹟 第一回十字軍年代記
丑田弘忍訳 第一次十字軍に実際に参加した三人の年代記作家による異なる視点の記録。 2800円

大村益次郎伝 木村紀八郎
長州征討、戊辰戦争で長州軍を率いて幕府軍を撃破した天才軍略家の生涯を描く。 2200円

新版 日蓮の思想と生涯 須田晴夫
日蓮が生きた時代状況と、思想の展開を総合的に考察。日蓮仏法の案内書！ 3500円

古事記新解釈 南九州方言で読み解く神代
飯野武夫／飯野布志夫 編 『古事記』上巻は南九州の方言で読み解ける。 4800円

夏目漱石『猫』から『明暗』まで

平岡敏夫（週刊読書人他で紹介）

漱石文学は時代とのたたかいの所産であるゆえに、作品には微かな〈哀傷〉が漂う。新たな漱石を描き出す論集。2800円

赤彦とアララギ
―中原静子と太田喜志子をめぐって

福田はるか（読売新聞書評）

悩み苦しみながら伴走した妻不二子、畏敬と思慕で生き通した中原静子、門に入らず自力で成長した太田喜志子。2800円

風嫌い

田畑暁生

なぜ、姉は風が嫌いなの？　ちょっとこわくて、どこかおかしい、驚きあり笑いあり涙ありの、バラエティに富んだ傑作短篇小説集。1400円

ピエールとリュス

ロマン・ロラン／三木原浩史 訳

1918年パリ。ドイツ軍の空爆の下でめぐりあった二人。ロラン作品のなかでも、今なお、愛され続ける名作の新訳と解説。1600円

中上健次論（全三巻）

（第一巻 死者の声から、声なき死者へ）（第二巻 父の名の否〈ノン〉、あるいは資本の到来）（第三巻 幻想の村から）

戦死者の声が支配する戦後民主主義を描く大江健三郎に対し声なき死者と格闘し自己の世界を確立していった初期作品を読む。各3200円

焼け跡の青空

高畠 寛

大阪大空襲の焼跡で育った少年たちの物語。焼跡の上に広がる広大な青空、それは違った見方をすれば希望でもあった。1500円

昭和キッズ物語

藤あきら

宝物だったあのころ……昭和の時代に子供だったすべての者たちへ。さぁ、愛おしい人たちに会いに行こう。1800円

小説木戸孝允 上・下
―愛と憂国の生涯―

中尾實信（2刷）

西郷、大久保が躊躇した文明開化と封建制打破を成就し、四民平等の近代国家を目指した木戸孝允の生涯を描く大作。3500円

「へうげもの」で話題の “古田織部三部作”

久野 治（NHK、BS11など歴史番組に出演）

新訂 古田織部の世界 2800円

千利休から古田織部へ 2200円

改訂 古田織部とその周辺 2800円

ドイツ詩を読む愉しみ

森泉朋子編訳

ゲーテからブレヒトまで 時代を経てなお輝き続ける珠玉の五〇編とエッセイ。1600円

ドイツ文化を担った女性たち

その活躍の軌跡 ゲルマニスティネンの会編

（光末紀子、奈倉洋子、宮本絢子）2800円

芸術に関する幻想

W・H・ヴァッケンローダー

毛利真実 訳 デューラーに対する敬虔、ラファエロ、ミケランジェロ、そして音楽。1500円

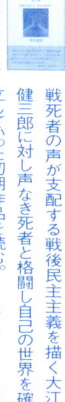

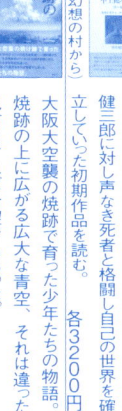

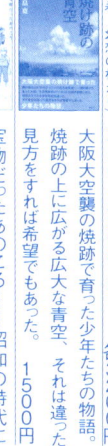

＊ドイツ語圏関係他

ニーベルンゲンの歌
岡﨑忠弘 訳（週刊読書人で紹介）

『ファウスト』とともにドイツ文学の双璧をなす英雄叙事詩を綿密な翻訳により待望の完全新訳。詳細な訳註と解説付。 5800円

ペーター・フーヘルの世界
―その人生と作品
斉藤寿雄（週刊読書人で紹介）

旧東ドイツの代表的詩人の困難に満ちたその生涯を紹介し、作品解釈をつけ、主要な詩の翻訳をまとめた画期的書。 2800円

ヘーゲルのイエナ時代 理論編
松村健吾

概略的解釈に流されることなくあくまでもテキストを一文字ずつ辿りヘーゲル哲学の発酵と誕生を描く。 4800円

生きられた言葉
―ラインホルト・シュナイダーの生涯と作品―
下村喜八

シュヴァイツァーと共に20世紀の良心と称えられた、その生涯と思想をはじめて本格的に紹介する。 2500円

ヘルダーのビルドゥング思想
濱田 真

ドイツ語のビルドゥングは「教養」「教育」という訳語を超えた奥行きを持つ。これを手がかりに思想の核心に迫る。 3600円

ゲーテ『悲劇ファウスト』を読みなおす 新妻 篤

ゲーテが約六〇年をかけて完成。すべて原文に即して内部から理解しようと研究してきた著者が明かすファウスト論。 2800円

二〇一八改訂 **黄金の星**（ツァラトゥストラ）**はこう語った**
ニーチェ／小山修一 訳

詩人ニーチェの真意、健やかな喜びを伝える画期的全訳。ニーチェの真意に最も近い渾身の全訳。 2800円

『ドイツ伝説集』のコスモロジー
植 朗子

ドイツ民俗学の基底であり民間伝承蒐集の先がけとなったグリム兄弟『ドイツ伝説集』の内面的実像を明らかにする。 1800円

ハンブルク演劇論 G・E・レッシング 南大路振一 訳
アリストテレス以降の欧州演劇の本質を探る代表作。6800円

ギュンター・グラスの世界 依岡隆児
つねに実験的方法に挑み、政治と社会から関心を失わなかったノーベル賞作家を正面から論ずる。2800円

グリムにおける魔女とユダヤ人 奈倉洋子
―メルヒェン・伝説・神話―
グリムのメルヒェン集と伝説集を中心にその変化の実態と意味を探る。1500円

フリードリヒ・シラー美学＝倫理学用語辞典 序説
ヴェルンリ／馬上徳 訳 難解なシラーの基本的用語を網羅し体系化をはかり明快な解釈をほどこし全思想を概観。2400円

新ロビンソン物語 カンペ／田尻三千夫 訳
18世紀後半、教育の世紀に生まれた「ロビンソン・クルーソー」を上回るベストセラー。2400円

東方ユダヤ人の歴史 ハウマン／平田達治・荒島浩雅 訳
その実態と成立の歴史的背景をこれほど見事に解き明かしている本はこれまでになかった。2600円

ポーランド旅行 デーブリーン／岸本雅之 訳
長年にわたる他国の支配を脱し、独立国家の夢を果たしたポーランドのありのままの姿を探る。2400円

東ドイツ文学小史 W・エメリヒ／津村正樹 監訳
神話化から歴史へ。一つの国家の終焉はその文学の終りを意味しない。6900円

モリエール傑作戯曲選集2
柴田耕太郎訳（ドン・ジュアン、才女気どり、嫌々ながら医者にされ、人間嫌い）

現代の読者に分かりやすく、また上演用の台本としても考え抜かれた、画期的新訳の完成。 2800円

イタリア映画史入門 1950〜2003
J・P・ブルネッタ／川本英明訳（読売新聞書評）

映画の誕生からヴィスコンティ、フェリーニ等の巨匠、それ以降の動向まで世界映画史をふまえた決定版。 5800円

オットー・クレンペラー 中島仁
最晩年の芸術と魂の解放
―1967〜69年の音楽活動の検証を通じて―

20世紀の大指揮者クレンペラーの最晩年の姿を通して人間における音楽のもつ意味を浮かびあがらせる好著。 2150円

ある投票立会人の一日
イタロ・カルヴィーノ／柘植由紀美訳

奇想天外な物語を魔法のごとく生み出した作家の、二十世紀イタリア戦後社会を背景にした知られざる先駆的小説。 1800円

魂の詩人 パゾリーニ
ニコ・ナルディーニ／川本英明訳（朝日新聞書評）

常にセンセーショナルとゴシップを巻きおこした異端の天才の生涯と、詩人としての素顔に迫る決定版！ 1900円

フェデリコ・フェリーニ
川本英明

イタリア文学者がフェリーニの生い立ち、青春時代、監督デビューまでの足跡、各作品の思想的背景など、巨匠のすべてを追う。 1800円

つげ義春を読め
清水正（読売新聞書評で紹介）

つげマンガ完全読本！ 五〇編の謎をコマごとに解き明かす鮮烈批評。
読売新聞書評で紹介。 4700円

雪が降るまえに
A・タルコフスキー／坂庭淳史訳（二刷出来）

詩人アルセニーの言葉の延長線上に拡がっていた世界こそ、息子アンドレイの映像作品の原風景そのものだった。 1900円

宮崎駿の時代 1941〜2008 久美薫
宮崎アニメの物語構造と主題分析、マンガ史からアニメ技術史まで宮崎駿論一千枚。 1600円

ヴィスコンティ 若菜薫
「郵便配達は二度ベルを鳴らす」から「イノセント」まで巨匠の映像美学に迫る。 2200円

ヴィスコンティⅡ 若菜薫
高貴なる錯乱のイマージュ。「ベリッシマ」「白夜」「前金」「熊座の淡き星影」 2200円

アンゲロプロスの瞳 若菜薫
『旅芸人の記録』の巨匠への壮麗なるオマージュ。（二刷出来） 2800円

ジャン・ルノワールの誘惑 若菜薫
多彩多様な映像表現とその官能的で豊饒な映像世界を踏破する。 2200円

聖タルコフスキー 若菜薫
「映像の詩人」アンドレイ・タルコフスキー。その全容に迫る。 2000円

銀座並木座 日本映画とともに歩んだ四十五年
嵩元友子 ようこそ並木座へ、ちいさな映画館をめぐるとっておきの物語 1800円

フィルムノワールの時代 新井達夫
人の心の闇を描いた娯楽映画の数々暗い情熱に衝き動かされる人間のドラマ。 2200円

＊実用・ビジネス

AutoCAD LT 標準教科書　2017／2018／2019　2020対応（オールカラー）
中森隆道

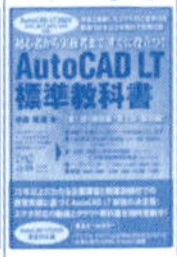

25年にわたる企業講習と職業訓練校での実績に基づく決定版。初心者から実務者まで無料動画による学習対応の524頁。3000円

自律神経を整える食事
胃腸にやさしいディフェンシブフード
松原秀樹

40年悩まされたアレルギーが治った！重度の冷え・だるさも消失した！ディフェンシブフードとは？　1500円

伸び悩んでいる人のための**『学びの奥義』**
―教え方のコツ・学び方のコツ―
有田朋夫

勉強、スポーツ、将棋etc、もっと上手にもっと成績をあげたい人へ、なるほどと手を打つヒントがいっぱい！　1400円

心に触れるホームページをつくる
秋山典丈

従来のHP作成・SEO本とは一線を画しコンテンツの書き方に焦点を当てる。商品企画や販売促進にも。1600円

"できる人"がやっている**"質の高い"仕事の進め方**
秘訣はトリプルスリー
糸藤正士

質の高い仕事の進め方にはできる人がやっている共通の秘訣、3つの視点、3つの深度、3つの方向がある。1600円

草木名の語源
江副水城

草名200種、木名150種、修飾名を含め合計1000種以上収録。古典を読み解き新説を披露。3800円

現代アラビア語辞典
――アラビア語日本語
田中博一／スバイハット レイス 監修

本邦初1000頁を超える本格的かつ、実用的アラビア語日本語辞典。見出し語1万語以上で例文・熟語多数。10000円

現代日本語アラビア語辞典
田中博一／スバイハット レイス 監修

見出し語約1万語、例文1万2千以上収録。日本人のみならず、アラビア人の使用にも配慮し、初級者から上級者まで対応のB5判。8000円

AutoLISP with Dialog　中森隆道
AutoCAD LT 2013 対応　即効性を明快に証明した本格的解説書。3400円

開運虎の巻　街頭易者の独り言　天童春樹
三十余年六万人の鑑定実績。あなたと身内の運命と開運法をお話します　1500円

成果主義人事制度をつくる　松本順市
30日でつくれる人事制度だから、業績向上が実現できる。（第11刷出来）1600円

腹話術入門（第4刷出来）　花丘奈果
発声方法、台本づくり、手軽な人形作りまで一人で楽しく習得。台本も満載。1800円

南京玉すだれ入門（2刷）花丘奈果
いつでも、どこでも、誰にでも、見て楽しく演じて楽しい元祖・大道芸を解説。1600円

新訂版 **交流分析エゴグラムの読み方と行動処方**　植木清直／佐藤寛 編
交流分析の読み方をやさしく解説。1500円

楽しく子育て44の急所　川上由美
これだけは伝えておきたいこと、感じたこと、考えたこと。基本的なコツ！　1200円

初心者のための蒸気タービン　山岡勝己
原理から応用、保守点検、今後へのヒントなどベテランにも役立つ。技術者必携。2800円

もちろん、時代背景も同じでないといけません。現代よりはるかに栄養事情の悪かった江戸時代には、大人の男性の身長は１５５センチメートル程度とされています。１５５センチメートルは、現代の高校３年生の女子生徒の１５７・８センチメートルと比べてみると、やや低いわけです。まあ、それはそうでしょうね。当時と現在の食事の内容を比べるのはナンセンスです。だからといって、平均的な男性は女性より身長が低いとは言えないのは、これまた当たり前のことです。

このように、複数の結果を比較する場合には、年齢、性別、時代背景など、比較する以外の条件はなるべく揃えないといけないのです。まったく違う条件のものを、そのまま単純に比較してしまうと、「女性は男性より背が高い」といったおかしな結論になったりして、全然意味がなくなってしまいます（☞詳しくは、補足説明「川本、小塩氏らの年齢差と性差の研究」２３７頁を参照）。

ところが、現実には、血液型の違いを研究するのに、年齢、性別、時代に無頓着なケースはかなりあります。いや、大部分がそうだと言ってもいいかもしれません。

質問の選び方にも問題が

第2に、質問の選び方にも大きな問題があります。血液型と性格の関連性をきちんと調べるためには、質問項目の文章は慎重に考え抜く必要があります。常識的にも、よく言われる「几帳面（A型）」「マイペース（B型）」「おおらか（O型）」「二重人格（AB型）」なら差が出るでしょうが、あまり聞いたこともないような特徴なら、差は出ないか、かなり小さいものとなるでしょう。運悪く？　たまたま差が小さい質問を選んでしまったなら、差がないように見えるのも当然のことなのです。

そもそも、現在の血液型と性格の枠組みは、「血液型人間学」の提唱者である能見正比古氏が、ほとんど独力で作り上げたものです。昔ならともかく、最近の「専門家」が彼の著作を読んでいる形跡はありません。それでも質問を作ってしまうことはかなり無謀な話で、きちんとした結果が得られる保証は何もありません。

また、前述したように、年齢、性別、時代背景などに無頓着で、調査したデータを、何の疑いもなくそのまま単純に比較してしまっているケースも数多く見られます。

参考までに、文教大学情報学部が２００７年に調べた血液型のイメージ[★2]がどうだった

各血液型のイメージ

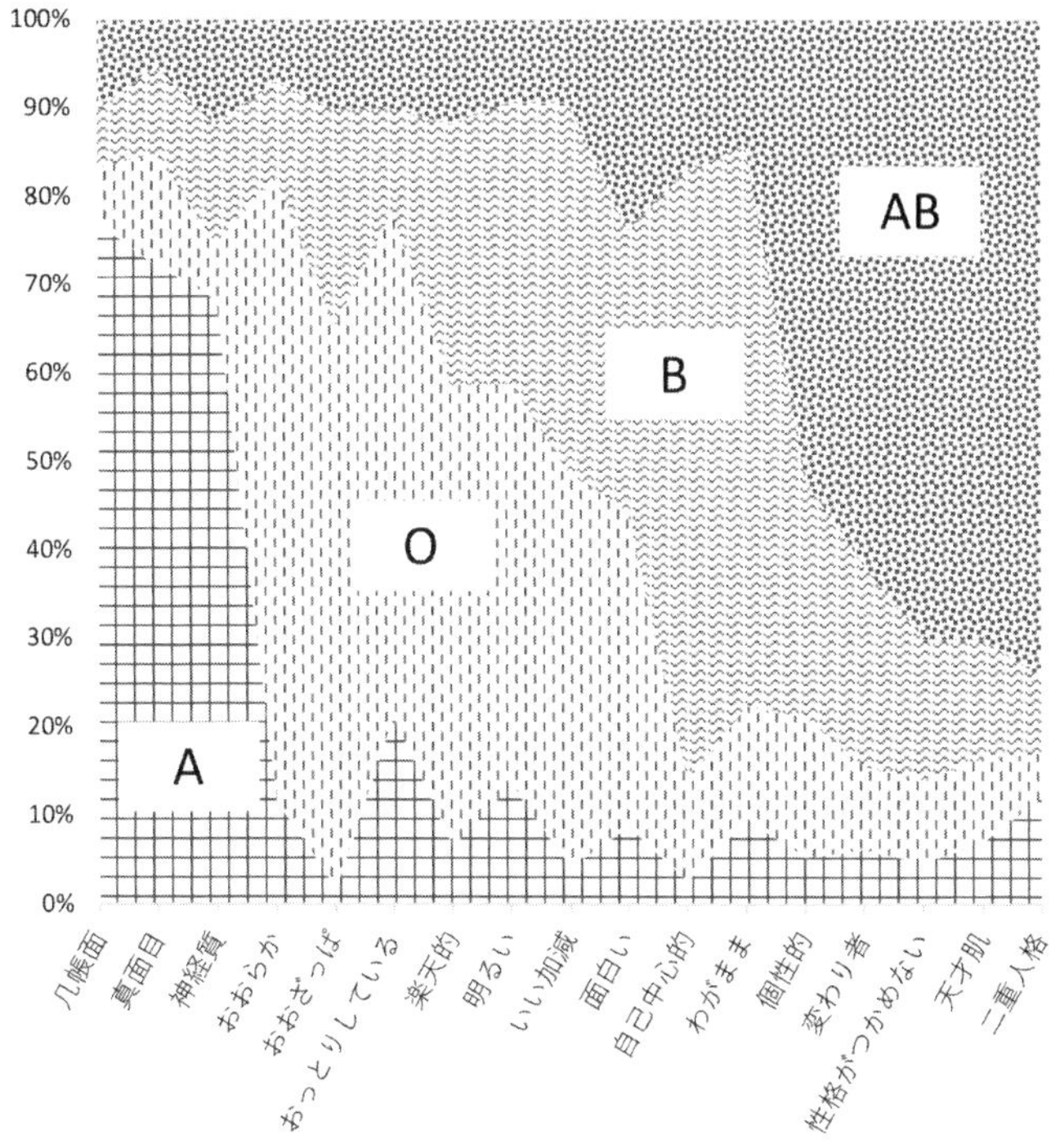

かを紹介しておきます（上の図、数値の合計は100％に調整した）。あまりにもイメージが薄い質問では、回答にほとんど差がなくなってしまうことは、考えるまでもないでしょう。

次頁には、差が出なかった質問の例と、差が出ている質問の例を示しておきます。ぜひ読み比べてみてください。

【差がほとんど出なかった縄田氏の質問】★3

日頃の生活の中で充実感を感じている
ほかの人の生活水準を意識している
一旦、高い生活水準を味わうと、それを下げるのは苦痛だ
楽しみは後にとっておきたい
自分は盗難にあうことはない
できるだけ質素な生活をしたい
お金を貯めることが人生の目的だ
将来、大きな出費や高額の買い物の予定がある
子供や家族、親族にできるだけ多くの遺産を残したい
ギャンブルはすべきでない
健康上の不安を感じている
宗教を熱心に信仰している
忙しくて先のことを考える時間がない
お金のことを考えるのはしたない
現在の生活に精一杯でほとんど貯蓄ができない
先のことは不確実だから考えても無駄だ
老後が気にかかる
子供の将来が気にかかる
将来のことは家族や親族が考えてくれている
周りの人と同じような行動をとっている
仕事の場においてはグループの意見に従うべきだ
家庭の場においては家族の意見に従うべきだ
一人よりグループで協力して仕事する方が高い成果が得られる
“みんなで協力して目標を達成した”満足度は“自分ひとりの力で達成”より大きい
仕事は生きがいにつながる
仕事はお金を得るためのものだ

【差が出た山岡氏の質問の例】★[4]　差…大（10% 超）

思慮深く、物事に対して慎重な態度をとる (A)
マイペース型で、周囲の影響は受けにくい (B)
気分にムラがあって、ともすると２重人格のように見えることがある (AB)
目的のためとあらば、最大限の勇気と根性を発揮する (O)

【差が出た山崎、坂元氏の質問の例】★[5]　差…小〜中（5% 程度）

目標を決めて努力する (A)
物事にけじめをつける (A)
何かをする時には準備をして慎重にやる (A)
あまり物事にこだわらない (B)
人に言われたことをあまり気にかけない (B)
どちらかといえば気がかわりやすい (B)

【差が出たネットの質問の例】★[6]　差…大（10% 程度）

あなたは、どのような友人を求めますか
自分と最も気が合わない、あるいは苦手と思うのは次のうちどのようなタイプの人ですか

【差が出た私の質問の例】差…大（10% 超）

協調性がある (A)
楽観的である (B)
おおらかな性格である (O)
他人から性格を理解されにくい (AB)

どうやら、抽象的な質問よりは、日常的にどうなのか例をあげて質問すると差が出やすいようですね。

このように、「不適切」な質問を使ったりすると、血液型の特徴をまともに解析できるはずもなく、どんなおかしな結論になっても不思議ではないのです。

事前の予想と現実との違い

現実のデータをつぶさに見てみると、これらが単なる私の推測でないことがはっきりします。

手はじめに、私が実際に20代から30代の男女の合計千人にインターネットでアンケートをした結果を紹介します。どの質問も、自分の性格にとてもよく当てはまる場合は5、まったく当てはまらない場合は1の5段階での評価を行い点数化したものです。

たとえば、「思慮深く、物事に対し慎重な態度をとる」はA型の特徴とされていますす。事前の予想としては、A型の点数が最も高く、AB型、O型と続き、B型は一番点数が低いということになります。つまり、こうなるはずです。

【事前の予想】

1位　A型（年齢・性別を問わずほぼ同じ）
2位　AB型（年齢・性別を問わずほぼ同じ）
3位　O型（年齢・性別を問わずほぼ同じ）
4位　B型（年齢・性別を問わずほぼ同じ）

では、現実の結果はどうだったのでしょうか？

【現実の結果・全体】

1位　A型　3・62 ― 予想通り1位
2位　AB型　3・49
3位　O型　3・46
4位　B型　3・45 ― 予想通り最下位

事前の予想どおりA型がダントツの1位で、B型も最下位の4位となっています。
しかし、もう少し細かく分析してみると、血液型より年齢や男女の影響の方がずっと大きいことがわかります。次に、年齢別の結果を示しておきます。

【現実の結果・20代】

1位　A型　3・553　―　予想通り1位

2位　O型　3・549

3位　B型　3・41　―　予想と違い最下位ではない！

4位　AB型　3・38

最高と最低との差　0・17

【現実の結果・30代】

1位　AB型　3・74

2位　A型　3・68　―　予想と違い1位ではない！

3位　O型　3・39

4位　B型　3・38　―　予想通り最下位

最高と最低との差　0・36

20代ではA型が1位ですが、30代ではAB型が1位となっています。奇妙なことに、30代では1位だったAB型が20代ではなぜか最下位の4位になってしまいました。そしてまた、血液型による差は30代では20代に比べると倍増しています。
その次に、男女別の結果を調べてみました。

【現実の結果・男性】
1位　AB型　3・69
2位　A型　3・50　―　予想と違い1位ではない！
3位　B型　3・47　―　予想と違い最下位ではない！
4位　O型　3・41
最高と最低との差　0・28

【現実の結果・女性】
1位　A型　3・74　―　予想通り1位
2位　O型　3・50
3位　B型　3・35　―　予想と違い最下位ではない！
4位　AB型　3・30
最高と最低との差　0・44

【年代】思慮深く、物事に対し慎重な態度をとる

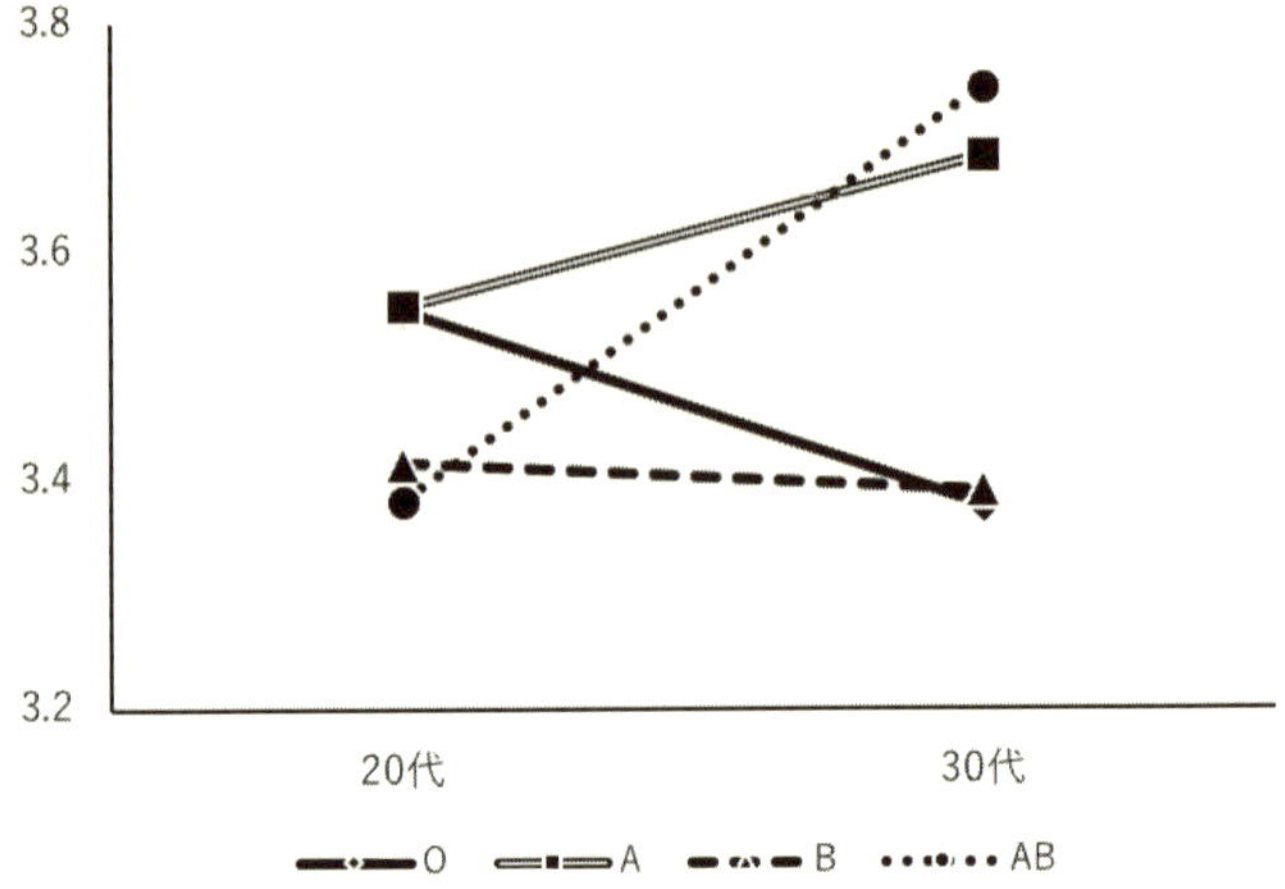

【性別】思慮深く、物事に対し慎重な態度をとる

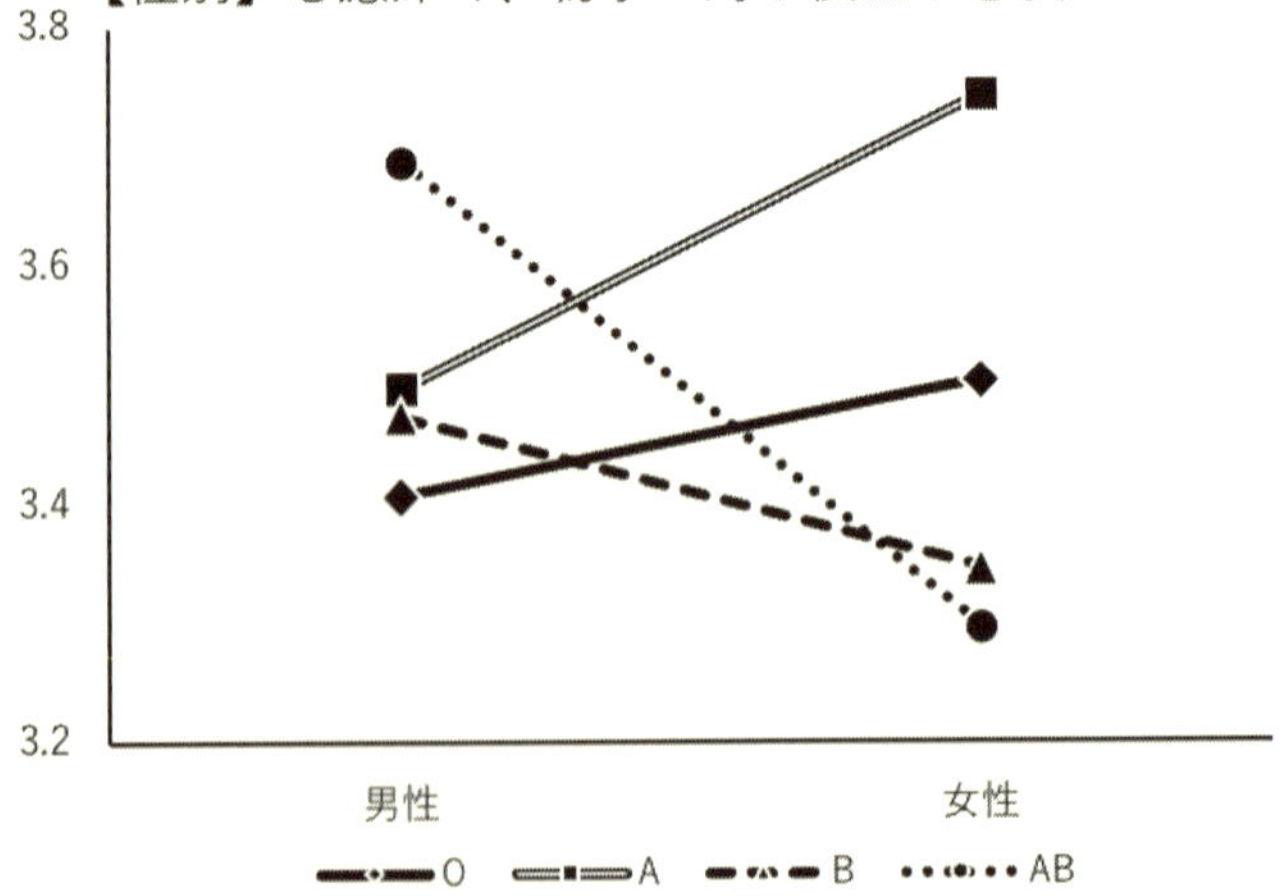

ここでも、女性での差は男性の5割増しになっています。事前の予想通りだったのは、A型女性だけで、他のデータ、具体的にはB型女性、そしてA型とB型の男性では見事に予想を外してしまいました。このように、年代と性別によって、血液型の影響が変わってくることは間違いないのです。その様子は、グラフ化するとわかりやすくなります。前頁にあるとおりで、調査結果が年代と性別によってバラついていることが一目瞭然です。やはり、年代と性別の影響は、思っているよりずっと大きいのです。

現実は血液型で何でも割り切れるほど甘くはありません。血液型別の性格を比較する場合は、「有名」な特性を質問したとしても、年齢と性別をかなり慎重に考慮しないと、正確な結果が出ないことが理解していただけたかと思います。

それでも納得しない人もいるかもしれないので、別の例も紹介しておきます。

今度は、1978年から1988年にかけて、テレビ局の世論調査のデータを使って、毎年約3千人の男女を調査した結果（総調査人数3万2347人）の報告です。[★5] 研究を行った山崎、坂元の両氏は、実際に使われた24の質問項目から、事前調査で「A型的特徴」と「B型的特徴」を3項目ずつピックアップしていました。

【A型的特徴】

・目標を決めて努力する
・物事にけじめをつける
・何かをする時には準備をして慎重にやる

【B型的特徴】

・あまり物事にこだわらない
・人に言われたことをあまり気にかけない
・どちらかといえば気が変わりやすい

回答者がA型的かB型的か判断するために、自分にあてはまる場合は得点を1、あてはまらない場合は得点を0として、A型とB型の得点の平均をそれぞれ計算しました。A型得点の平均からB型得点の平均を引いて「A―B」**得点を計算すると、A型的な性格な人ほど数値が大きくなり、逆にB型的な性格な人ほど小さくなります。**(数値はプラス1〜マイナス1の間をとります)

そして、ここでも、**年齢の差は血液型の差の4倍も大きい**のです。20代と50代の得点差は0・259で、対する血液型の差は0・0544に過ぎません。

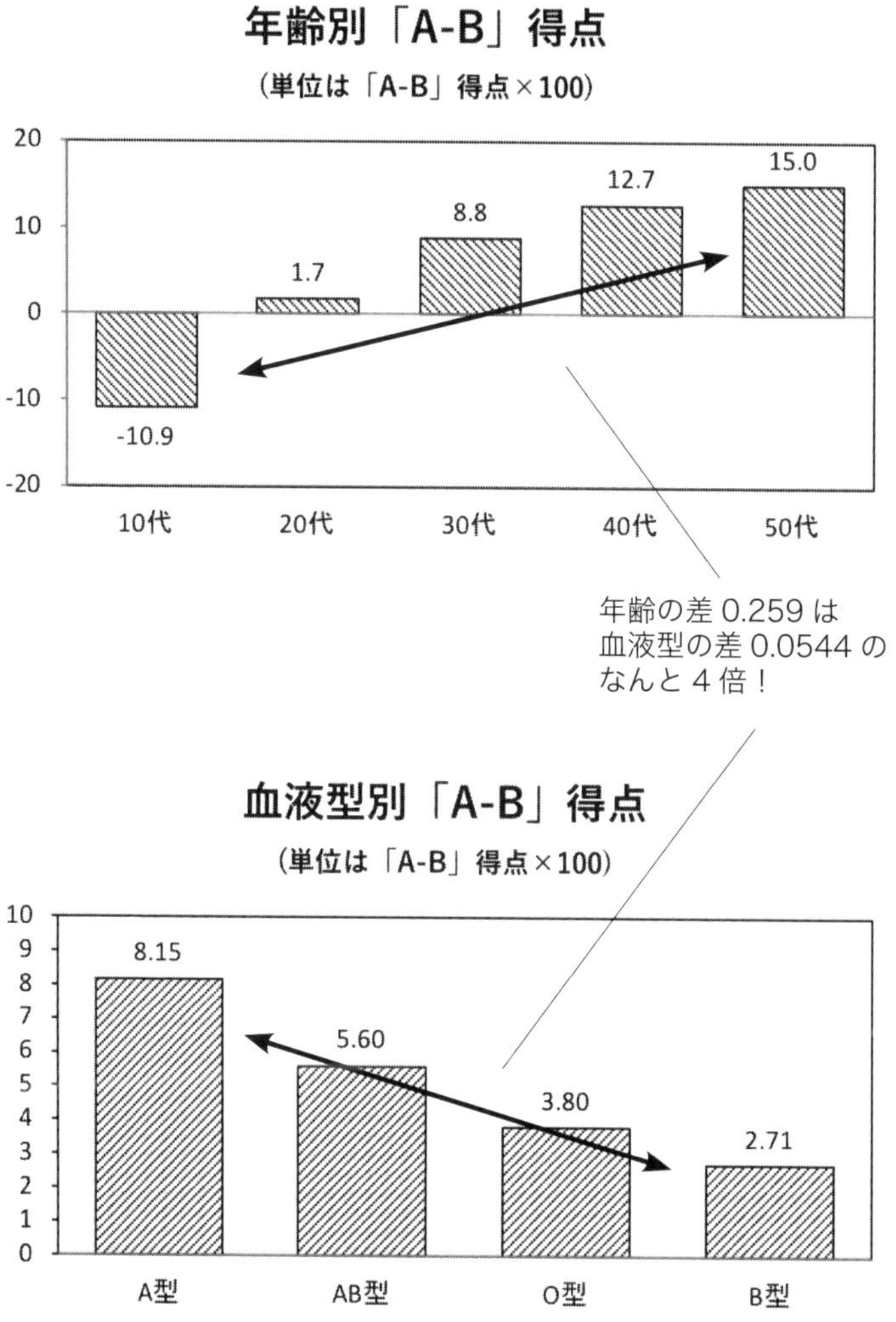
年齢別「A-B」得点
（単位は「A-B」得点×100）
20
10
0
-10
-20
-10.9
1.7
8.8
12.7
15.0
10代
20代
30代
40代
50代
年齢の差 0.259 は
血液型の差 0.0544 の
なんと 4 倍！
血液型別「A-B」得点
（単位は「A-B」得点×100）
10
9
8
7
6
5
4
3
2
1
0
8.15
5.60
3.80
2.71
A型
AB型
O型
B型

なお、このケースでは、男女の差の説明はありませんでした。差が大きくなかったのか、もともと男女別に調査しなかったのかまではわかりません。

繰り返しになりますが、血液型による性格の違いは絶対的なものではなく、年齢や男女、あるいは時代による影響も、血液型かそれ以上に大きいのです。

心理学者などの専門家の研究で一貫した結果が得られなかったのは、年齢や性別、あるいは時代などを無視して、勝手に血液型による「絶対的な差」を想定してしまったからです。だから、性格を比較するには、「相対的な差」を見ないといけないのです。調査対象者の条件は、極めて厳密に管理する必要があります。手を抜いて、うっかり「単純」に比較してしまったりすると、誤差が予想外に大きくなって、正しい結果が出なくなるのです。それは、男女の身長の差を比較するのに、年齢による差を無視して比較することと同じように間違いなのです。

逆に、巧みに「有名」な特徴を質問項目に選び、比較する血液型同士のグループ間で、年齢や性別や職業をうまくコントロールできている場合には、それなりに大きな差が出ています。典型は、大学生を対象にしたアンケート調査で、その実例として山岡重行氏の論文[4]の結果を紹介しておきます。

なお、同じようなことは、血液型に限らず、普通の性格テストでも起きています（☞詳しくは、補足説明「川本、小塩氏らの年齢差と性差の研究」237頁を参照）。

次章では、引き続きデータを使って検証します。

【解説】血液型別特徴ランキング

次のランキングは、血液型に興味がある大学生649人に、自分の性格に当てはまるかどうかを調査した結果です[4]。どの質問も、自分の性格にもっとも当てはまる場合は「5」、全く当てはまらない場合は「1」の5段階での評価を行い点数化してあります。①O型の強い目的指向性、②A型の慎重さ、③B型のマイペース型、④AB型の二重人格などの有名な特性が、かなりよく当てはまっていることがわかります。

なお、グラフにPとあるのは、危険率と呼ばれる数値ですが、偶然で起こる確率と考えてもかまいません。統計学では、この数値が5％より小さいと、偶然ではないと判断することになっています。見たとおり、これらの「有名」な特徴は、すべて5％を下

①目的志向性のランキング

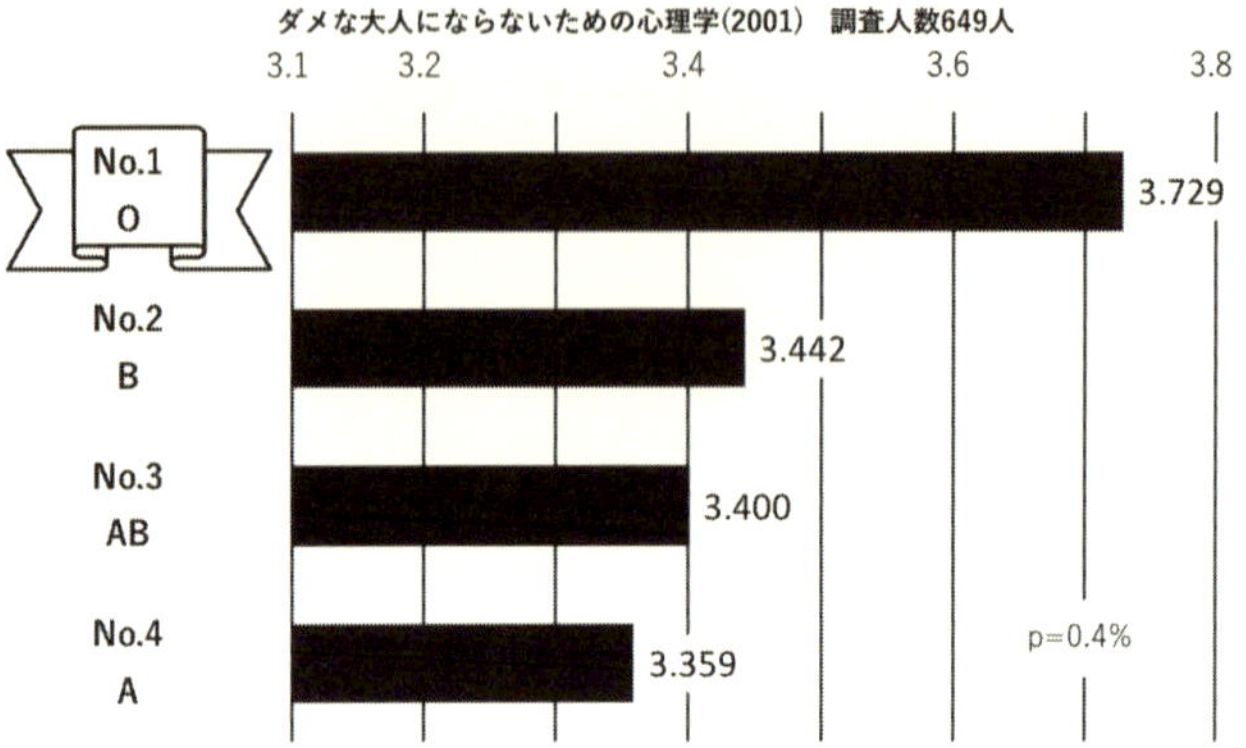

ダメな大人にならないための心理学(2001)　調査人数649人

②慎重さのランキング

ダメな大人にならないための心理学(2001)　調査人数649人

③マイペース型のランキング

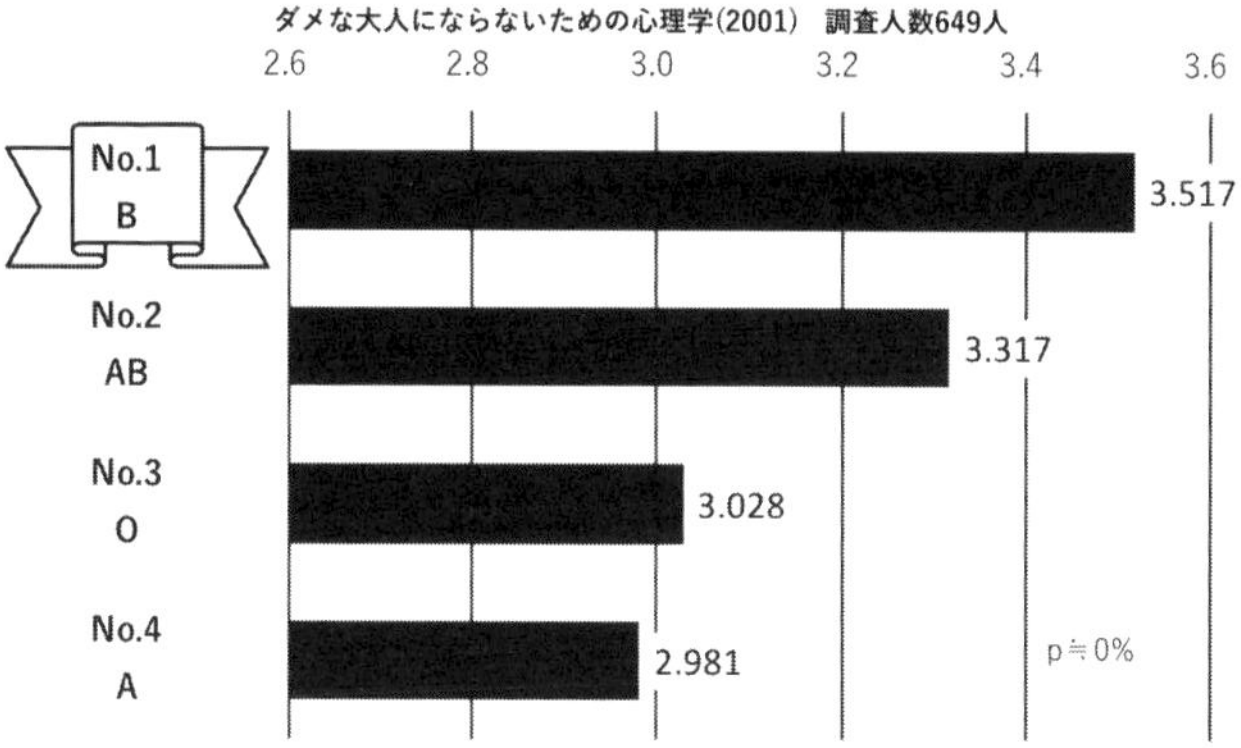

④二重人格のランキング

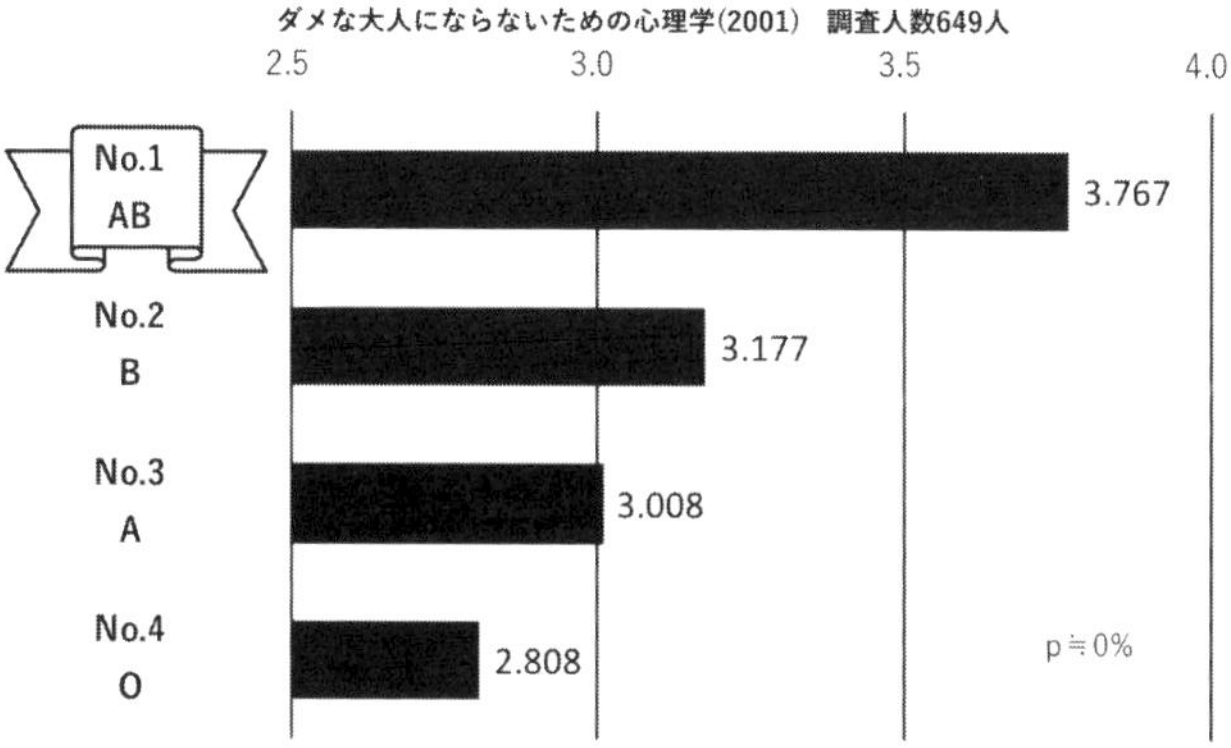

回っています。つまり、血液型と性格に関連性があることは疑いのない事実と考えてよいことになります。

★1　現在では「性格心理学」ではなく「パーソナリティ心理学」と呼ばれている

★2　情報学部広報学科3年 松崎宏美「性格と恋愛にみる血液型効果」『文教大学情報学部社会調査ゼミナール研究報告』2008年2月［サンプル　文教大学情報学部学生140人　2007年10月末現在］

★3　縄田健悟「血液型と性格の無関連性―日本と米国の大規模社会調査を用いた実証的論拠―」『心理学研究』2014年

★4　山岡重行『ダメな大人にならないための心理学　第二夜　血液型性格診断に見るダメな大人の思考法』2001年

★5　山崎賢治・坂元章「血液型ステレオタイプによる自己成就現象―全国調査の時系列分析―」『日本社会心理学会大会発表論文集』1991年

★6　インターワイヤード　DIMSDRIVE　あなたの行動や思考と対人関係に関するアンケート　2004年

まとめ

・心理学者は関連性を認めないという〝公式発言〟とは逆に本当は肯定的。
・差が出る「有名」な特性とは、たとえば次のようなものである。
Ｏ型　おおらか、おおざっぱ
Ａ型　几帳面、神経質
Ｂ型　マイペース
ＡＢ型　二重人格
・自分の性格についてのアンケート調査なら、必ず血液型によって差が出る。
・血液型より、個人差、年齢、性別、職業、時代背景のほうが性格への影響が大きい。
・性格と関係ない質問では血液型による差が出ないことも多い。

第七章　30万人のデータによる検証

大規模調査の結果

心理学的に、血液型と性格が関係しているかどうかは、どう確認すればよいでしょうか。それは、性格についての質問をし、血液型によって違いがあるかどうか調べればよいのです。

実際に、「血液型と性格」の大規模調査の大部分は、明らかに肯定的な結果を示しています。上位10位までの大規模調査の結果を175頁の表にまとめてみました。これら10件のうち、実に9件（90％）までが肯定的な結果（差がある）なのです。サンプル数で比較すると、合計33万5646人中32万3917人（96・5％）なので、圧倒的に肯定的な結果といってもよいでしょう。

たとえば、表の第1位で、調査の対象が約20万人と最大の武藤・長島氏らの報告書には、「血液型と性格に関する解析では、［血液型により性格の差がある」過去の研究結果を拡張することができたとともに、21世紀以降のデータでは、**安定して血液型ごとに性格の自己申告について有意な差が出る**ことが判明した」とあります。この武藤氏ら研究のベースとなった、第3位の山崎・坂元氏の報告でも、「血液型と性格の自己報告との間の相関は、弱いが認められた」とあります。ほかの調査も基本的には同じです。

ところが、なぜか第6位の縄田健悟氏の論文（**太字**）だけが血液型による差が出ていないのです。この論文の質問項目（☞156頁を参照）はお金とライフスタイルに限られていて、性格とは直接の関係はありません。一方、他の9件の調査には、性格に関する質問が含まれています。つまり、縄田氏の質問項目は性格と直接の関係がないので、差が出ていないのです。

これらの結果は、韓国における消費者行動の調査報告とも一致しています。[★1] 血液型による消費行動の違いは、回答にはほとんど現れないことになります。それは、調査の質問項目が性格に直接関係していないからでしょう。

繰り返しますが、ほとんどのアンケート調査では、日本人の約70％は、血液型と性格の関連性を感じているという結果になっています。[★2] それなら、「A型は几帳面」「B型は

「血液型と性格」調査人数ランキング　上位10位まで

順位	調査者	発表年	調査人数	有効人数	差	質問
1	武藤・長島他★	2012	193,800	116,000	○	性格
2	能見正比古★	1981	50,000	←	○	性格 他
3	山崎・坂元	1991	32,347	←	○	性格
4	P. J. ダダモ★	2001	20,635	←	○	性格
5	松井豊	1991	11,766	←	○	性格
6	**縄田健悟**	**2014**	**11,729**	**9,722**	**×**	**生活 他**
7	山岡重行	2009	6,660	←	○	性格
8	DIMSDRIVE★	2004	4,094	←	○	性格
9	市川千枝子★	2009	2,721	←	○	性格 他
10	白佐俊憲	1999	1,894	1,850	○	性格
合計			335,646	255,795	−	−

『B型女性はなぜ人気があるのか』(2016)

★は心理学以外の調査、○は差が出た調査、×（太字）は差がない調査

マイペース」のような有名な特性なら、どのアンケート調査でも、必ず言われているとおりの差が出ているはずです。前述したように、数字は上の表に示されているとおりとなります。

でも、現に差が出てない調査ばかりだったんじゃないの、という反論があるかもしれません。かつては、専門家も口を揃えてそう言っていました。実は、これは心理学的にも間違いなのです。アンケート調査や性格テストの基本は、その人が「思っているとおり」「感じているとおり」を回答

することです。このことは、逆に、思っているとおりを回答していないという場合を考えてみるとわかります。

思っているとおりを回答していないとは、具体的にはどういうことでしょう。それは、たとえば、本当は○○首相を支持している人が、世論調査で「支持していない」と回答するようなものです。まさかそんなことをする人がいるとは思えません。ただ、もし回答者が実際にそんな回答をする人ばかりだったら、その世論調査の内閣支持率の%は全くあてにならないことになります。

これでもまだ、私の言うことを信用できないかもしれませんね。というのは、アンケート調査は、自分の性格を思っているとおり回答しているだけだから、「本当の性格」が血液型で違うという証拠はどこにあるのだと……。調査で差が出たのは、「知識の汚染」、つまり〝思い込み〟のせいだと……。

話が複雑になりすぎますので、ここでは、さらっと簡単に説明しておきます。

実は、〝思い込み〟は心理学的には無視してもいいのです。たとえば、心理学者である白佐俊憲氏らの『血液型性格研究入門[★3]』では、**アンケート調査の結果は、「その人の性格そのもの」**と、つまり「本当の性格」とされるとあります。「その人の性格」ではなく、「その人が感じている自分の性格」というふうに、もってまわった考え方は普通はしないのです。

もし、アンケート調査の回答が「本当の性格」でないとすると、その人は自分の性格を正確に観察できない……と考えるしかありません。繰り返しになりますが、だいたい日本人の70％は血液型と性格が「関係ある」と考えています。それなら、日本人の7割のアンケート調査、つまり性格テストは信用できないことになります。こうなると、そもそも〝思い込み〟があると考えること自体に非常に無理があると言うしかありません

(☞詳しくは補足説明「データの差が〝思い込み〟でない理由」203頁を参照)。

さて、それでも、差が出ていないと頑として言い張る人もいるかもしれません。仮にそうだとするなら、血液型と性格の関連性を信じている回答者のほとんどが、結果的に「ウソ」をついていることになります。あるいは、自分や他人の性格の観察が超いいかげんで信用できないということです。ウソつきや、いいかげんな回答や、自己観察能力がない人の回答ばかりなら、そもそもそんなアンケート結果なんか、全然信用できないことになります。

確かにこれは「コロンブスの卵」です。この説明に反対する専門家は、完全にゼロと

までは断言できませんが、少なくとも私は聞いたことはありません。

星占いは当たるのか

正直に白状すると、今までの私の説明は、「コロンブスの卵」ではありません。私は独自に思いついたのですが、実はちゃんとした心理学者のお手本があったのです。次は、このことについて説明しましょう。

ところで、占いといえば、特に若い女性に最も人気があるのは「星占い」です。いうまでもなく、誕生日を12の星座にあてはめて、その人の性格を占うものです。欧米では、もちろん一番人気の占いで、現地の多くの新聞には、日本でよくある今日の運勢のようなコーナーがあります。見たことがある人もいるかもしれません。

さて、この星占いですが、科学者や心理学者はけんもほろろに否定しているため、本当かどうかを真面目に研究した学者はほとんどいませんでした。アイゼンクという高名な心理学者が、そんなタブーを破って、本格的な研究に着手するまでは……。この有名な結果は、彼の著書『占星術―占いか迷信か』にまとめられています[★4]。ポイントをかいつまんで紹介しておくと「星占いの知識がある人は、その知識と自己報告の性格が一致する」ということです。つまり、星占いの知識があれば、必ずそのとおりの性格の傾向を回答することになります。

対して、星占いの知識がない人では性格に差があまりありませんでした。ということは、回答者の性格に影響があるのは、星占いの知識だけで、星座そのものではないことになります。結局、星占いの性格には科学的な根拠はない、というのがアイゼンクの結論です。

まあ、当たり前すぎるほど当たり前の話なので、これ以上の説明は不要でしょう。

また、そういう「知識による汚染」を防ぐためには、アンケート調査のような自己報告の性格ではなく、職業と星座の関連性を調べればよいとしています。なお、血液型で職業や性格に差が出ていることは、既に書いたように実証済みです。

血液型は当たるのか

では、占いではないとしても、血液型ではどうなのでしょう？　確実に言えることは、星占いの研究でわかったとおり、血液型と性格の関連性を感じている人がいるかぎり、回答者全体では必ずそのとおりの性格の傾向が出ることです。しつこいようですが、日本人の約70％は、血液型と性格の関連性があると思っています。ですから、本当に血液型と性格の関連性があろうがなかろうが、アンケート調査や性格テストをすれば、回答者全体なら**必ず血液型と性格の関連性が現実の数字で現れる**ことになります。その結果が、この章の最初に紹介した表なわけです（☞175頁）。

ここで、もう一度菊池聡氏の文章を引用しておくと、

> 血液型学に限らず、おおよそすべての性格理論は統計的なものであって、集団全体の傾向としてしかとらえられない。
>
> （中略）
>
> 必要なのは個々の事例ではなく、統計的な事実なのである。

いずれにせよ、**血液型性格判断はなぜ虚偽なのか、これは提唱者が言うような性格の差が、現実に信頼できる統計データとして見あたらないという点につきる。**

（菊池聡「不可思議現象心理学９　血液型信仰のナゾ―後編」月刊『百科』１９９８年３月号）

ところが、実に不思議なことに、今となっては、ほとんどの心理学者が「必ず血液型と性格の関連性が現実の数字で現れる」ことに反対しているか、あるいはまったく無視しているのです。

この理由は、次の章で説明します。

★1 クワン・ホーソク（Kwan Ho Suk）、チ・ウンクー（Ji Eun Koo）「消費者の購買行動は、血液型と関連があるか」『消費者学研究』韓国消費者協会、2012年

★2 2015年11月8日放映のテレビ番組「日本のダイモンダイ」が、20万1119人の視聴者に向けて、「血液型と性格」についてのアンケート調査を行った。その結果によると、全体の68・8%が「血液型は性格に関係がある気がする」と回答している。

★3 白佐俊憲、井口拓自『血液型性格研究入門～血液型と性格は関係ないと言えるか』1993年。☞自己報告型の質問紙調査の結果は、通常「その人の性格そのもの」を表わすと受け取られている（「その人の性格」ではなく、あくまで「その人の性格の認知」を表わすというふうにもってまわった考え方は普通しない）。

★4 H・J・アイゼンクほか『占星術―科学か迷信か―』1986年

まとめ

・総計30万人を超える大規模調査の結果では、性格に関する質問なら、すべて血液型が予想するとおりの差が出ている。

・性別、年齢、職業、時代背景などの影響は血液型より大きいので、それらの条件をきちんと管理しないと「誤差」が大きくなり、血液型の差がわからなくなることが多い。

終章　専門家が反対する理由

なんとなく血液型の論文を調べていたある日、ちょっと奇妙なことに気が付きました。次頁の表を見ればわかりますが、第七章で取り上げた大規模調査のうち、**唯一差が出ていないとされる第6位の縄田氏の論文だけが日本の心理学者のチェック（査読）をパスしているの**です。逆に、日本での心理学論文で、差が出ていると書かれているものは、すべて心理学者などの専門家による査読はないのです。これは単なる偶然だと考えてよいのでしょうか？

第六章と第七章で述べたように、心理学的には「必ず差が出る」のだから、心理学者の誰もが「差がない」という結論なのは極めて奇妙だし不自然です。ということは、日本の心理学会には「血液型によるデータの差がある」とは言い出せない雰囲気があり、誰も逆らえないということなのでしょうか？

再掲「血液型と性格」調査人数ランキング　上位10位まで

順位	調査者	発表年	調査人数	有効人数	差	質問
1	武藤・長島他★	2012	193,800	116,000	○	性格
2	能見正比古★	1981	50,000	←	○	性格 他
3	山崎・坂元	1991	32,347	←	○	性格
4	P. J. ダダモ★	2001	20,635	←	○	性格
5	松井豊	1991	11,766	←	○	性格
6	**縄田健悟**	**2014**	**11,729**	**9,722**	**×**	**生活 他**
7	山岡重行	2009	6,660	←	○	性格
8	DIMSDRIVE★	2004	4,094	←	○	性格
9	市川千枝子★	2009	2,721	←	○	性格 他
10	白佐俊憲	1999	1,894	1,850	○	性格
合計			335,646	255,795	—	—

『B型女性はなぜ人気があるのか』(2016)

★は心理学以外の調査、○は差が出た調査、×（太字）は差がない調査

「データに差がある」という主な論文・研究報告

	日本語	外国語（英語・韓国語）
日本人の査読あり	**なし** **“ミステリーゾーン”** **（投稿が全部不掲載？）**	なし （投稿がないと思われる）
外国人の査読あり	なし （投稿がないと思われる）	SoHyun Cho 他（2005） In Sook Yoon 他（2006） Beom Jun Kim 他（2007） Sung Il Ryu 他（2007） ○土嶺章子 他（2015）
査読なし	○山崎・坂元（1991） ○白佐俊憲（1999） ○山岡重行（2006） ○久保田健市（2007） ○工藤恵理子（2009） ○武藤・長島 他（2012）	Choong-Shik Kim 他（2011） ［脳波の研究］ Yong Kee Kwak 他（2015）

☞「データに差がある」論文は日本人の査読を通らない？

○は日本人が執筆したもの　論文名は参考文献を参照

「血液型によるデータの差がある」と発言できない〝空気〟が漂っていることを実証するような報告もあります。筑波大学の清水武氏によると、彼の論文は〝肯定的〟な結果が出たという理由で学会誌に掲載されなかったとのことです。

今後の［日本の心理学会の］研究論文は、［血液型と性格に関係があるという］関連説を肯定的に支持する内容が含まれる限り、全て掲載に値しないという判断が下される可能性が極めて高いことになる。やはり、**掲載を認めるわけにはいかないという結論が先にある**ように感じられる。

（清水武「心理学は何故、血液型性格関連説を受け入れ難いのか—学会誌査読コメントをテクストとした質的研究　構造構成主義研究　２０１１年）

もっとびっくりする出来事もあります。学会（心理学会？）が血液型に対して極めて冷淡なスタンスを示していることは、この清水氏の論文の「査読者」でさえ認めているようなのです。

血液型と性格を否定的に論じる現状が間違っており、著者の主張が正しい場合もある。アインシュタインの相対性理論の論文がレフリーペーパーにならなかったように、正しい論文が正当に評価されずに掲載されない可能性もある。しかし、**この論文は（仮に正しいとしても）現在の●●が掲載を認めるものではないと思われる。**

（●●は学会名。清水武前掲書より第二査読者のコメント）

「データに差がある」という投稿が不掲載となったケースは、私が知っている範囲でさえ清水氏以外にも存在しています。どうやら、**肯定的な論文が見当たらない**〝**ミステリーゾーン**〟**が存在するのは偶然ではない**ようです。繰り返しになりますが、そういう意味では、次の日本パーソナリティ心理学会のホームページの内容は、こんな残念な現状を素直に告白しているように思えてなりません。

われわれ心理学者は血液型性格判断を生み出した責任をとって、[注1]自分たちで血液型と性格との関係について科学的なデータを集めてきましたが、そうした**データから血液型と性格の関係がほとんど確認できていない**ことはご存知の通りです。

注1　血液型性格判断の基礎を作った古川竹二（1890―1940）は昭和の初めに活躍した心理学者・教育学者です。（日本パーソナリティ心理学会の公式サイト）

このようなことですから、日本の心理学会では、「血液型と性格」の研究はタブーのようで、肯定的な論文は不掲載になる可能性が極めて高いようです。

では、なぜここまでして否定しないといけないのでしょうか。その理由と思われるものが、武田氏の著書『本当はスゴイ！血液型』の中にあります。私もまったく同感ですので、関係部分を引用しておきます。

「血液型と性格の関連性」が認められれば、今まで自分たちがやってきたことの根本が崩れることになります。現在、精神医学界で権威とされている学説や学者さんたちの多くは、メンツを失い、その地位を脅かされることになるはずです。

それを防ぐために、「血液型と性格の関連性」について、まったく核心をはずしたアンケート調査でお茶を濁してきたのです。「血液型と性格の関連性」を肯定する主張に対しては、「差別につながる」などとして、つぶしにかかっているのです。

ここまで読まれたかたなら、十分おわかりかと思いますが、血液型と性格に関するビッグデータをＡＩで分析すれば、想像もしていなかった新事実が発見できるかもしれません。ひいては、人間の性格についての知見が大いに深まる可能性も少なくありません。興味を持たれた方は、補足説明をご覧ください。

（１８２頁より）

武田氏は、こうも書いています。

本書の本当のねらいは問題提起です。

こんなに異常値が出ているのだから、専門家の方々、いつまでも逃げていないで、きちんと本格的な調査をしてください、という話です。

（同書１９６頁より）

過去のいきさつはともかく、専門家の皆さんには、どうかしっかりと研究を進めていただき、新しい知見を示していただきたいというのが、武田氏と同じく私の切なる願いです。

まとめ

・外国では「血液型と性格」に肯定的な論文は意外とある。
・日本の心理学者の〝公式見解〟では「血液型と性格」に極めて否定的なので、肯定的な論文は査読で必ずはねられる。

おわりに

毎年新しい発見があることがうれしくて、また新しい血液型の本を書きたくなってしまいます。英語版も含めると、なんと5冊目を出版することになってしまいました。まさかこんなことになろうとは……。まったく夢にも思っていませんでした。

昨年、武田知弘氏の『本当はスゴイ！血液型』が大ヒットしたのは、実に喜ばしい出来事でした。そこで今回は、武田氏の本を大いに参考にさせていただいて、なるべく多くの人が気軽に楽しめるような内容に書き上げてみました。読後の感想はいかがだったでしょうか。少しでも血液型の活用が広がるとしたら、著者としてはとてもうれしいことです。

不可解な姿を見せる「血液型と性格」は、従来の心理学ではうまく解明できませんでした。しかし、いくつかの大胆な仮定をすれば、現実のデータのかなりの部分が、矛盾なく統一的に、心理学的にも無理なく説明できるようです。

本文の最後にも書きましたが、過去の膨大なデータをＡＩで分析すれば、以前には想像もしていなかった新事実が発見できるかもしれません。たとえば、何十万人もあるＪＮＮデータバンクや、縄田健悟氏が利用した大阪大学の日米1万人のデータがすぐに思い浮かびます。また、弘前大学の土嶺章子氏らの研究では、ＤＮＡ鑑定をして血液型を調べているので、遺伝子型（Ａ型はＡＯ型とＡＡ型、Ｂ型はＢＯ型とＢＢ型があります）による性格の違いもわかるはずです。私の分析では、Ａ型は忍耐強く、Ｂ型は自己と他者を区別しない傾向が出ました（補足説明２２１頁）。そうなると、「人の性格」のモデルの再構築も進むかもしれません。私は、これらのことが、かつて心理学の大御所が望んでいたことだと信じています。

余談ですが、本書冒頭のエピソードでは、Ｏ型の孫正義氏に対比するためにＡＢ型のビジネスマンを探して、村上世彰氏を取り上げました。著書『生涯投資家』には、いたるところにＡＢ型的なエピソードがあふれています。

たとえば、彼が考える「正義」を実現するために徹底的に数字を分析するとか、お金を儲けてもそれほど使い方に執着しないところなど、ＡＢ型なら少なからず心情的に共感する部分があるのではないでしょうか。対照的に、アメリカのファンドは、どれだけ儲かるかという「結果」がすべてとあり、いかにもO型大国らしい一面を見せています。

残念ながら、スペースの関係で、この本では血液型と性格そのものの解説は省かざるをえませんでした。しかしながら、血液型の議論に一石を投じることも、私の当初から変わらない目的です。今後とも、議論の輪がますます広がることを願って結びの言葉とします。

補足説明

能見正比古氏による血液型別、気質の核心

気質表現方向	O型気質の核心	A型気質の核心	B型気質の核心	AB型気質の核心
生き方の基本	生命自然の方向に最も強く沿って生きる。欲望の発現も直線的。	強い現状脱皮願望も強い安定希求がからむ。常に向上を求めて…。	興味や関心の強く向くままに。仕事や趣味そのものに没頭しがち。	本来生命への執着浅いが生活の安全と社会の中の役割を望むほう。
生活性	現実性とバイタリティ強く、生活力は旺盛積極的。耐乏性もある。	公私の生活を分離し堅実な暮しを望むほうだが一部に極端な破滅型	自由度の多い生活を切望。家庭なども形式にとらわれぬほう。	合理的機能的な生活を欲する。私生活では趣味性を強調するほう。
行動性	目的志向。目的に向い直進。達成力も大。目的不明確だとズッコケぎみ、その差ハッキリ。	骨惜しみせぬ一般性。特に非常の際に行動力大。新しい行動に慎重思いつめて暴発性も。	マイペース。規制や拘束特に嫌う。周囲をそう意に介せず新しい行動にもためらいがない	反射神経早く、ビジネス的な能率の良さ。やや人に引きずられる傾向、私生活では気まま。
思考や判断	利害の判断確か。信念派。明快な言葉で論理も巧みだが、やや直線的。一部、単純さも。	緻密な積み重ね。判断は慎重だが白黒のケジメ明確にする。型にはまり気味で早合点も。	判断は早くて柔軟性。すべてケジメをつけぬほうで科学的正確さや実用的妥当性を重視。	合理的の一語。批評分析に長じ、角度を変えての解釈巧み。評論家性。重要な判断に迷い。
学習性	好奇心大も分野は限定記憶は深く身につく。	一歩一歩納得しなくては先に進まぬ。公式性。	弥次馬的広い好奇心。形式や原則をやや軽視	理解は要領よく早い。まる暗記軽視の弊も。

補足説明：能見正比古氏による血液型別、気質の核心

感情性	日常は安定型。感情は後に尾をひかぬ淡白さ。感激性。追いつめられると突然メロメロ。	表面は強い抑制型、内心は烈しい。傷ついた神経回復遅く恨み長い。笑い好き。根は短気。	感情気分のゆれ多くお天気屋のほう。怒り悲しみの表現大も、心の一部はさめ客観性保つ	冷静クールな安定面と気まで動揺しやすい面を合せ持つ二重性。感傷的なもろさもある
耐久力	目的あればがんばり特に待つ力は強い。が、無意味な我慢はせずダメと見て早いあきらめ。	継続的な努力や肉体的苦痛に辛抱強い。変化多い状況に弱さ。興味の持続にはあきっぽさ	興味の持続性では最大同じ状態が続いたり縛られるのにはごく弱いセカセカ型が目立つ。	努力の価値を認め、努力家であろうと努力するが、本質的に、根気に欠ける気味がある。
仕事ぶり	目的の有無と立場の差で集中力にムラ多い。縁の下の力持ちは苦手	一つすませて次という一時に一事集中。完全主義で仕上げは徹底。	ながら族の名人だがこり性もスゴい。アイデア豊富、やりっ放し？	何でもソツなくこなす有能型。デザイン器用も、後始末が苦手。
趣味性	現実性の反面強いロマンチックな面。勝負事、収集趣味、記念趣味等。	極端露骨原色を嫌う。趣味は仕事と切離し、ストレス解消の効用に	仕事と趣味のケジメがない。広い趣味性だが仕事熱中では無趣味。	空想的。メルヘンチックな趣味性を持つ。最も広い趣味家タイプ。
自分の過去や未来には	過去には肯定的で挫折感を残さない。思い出を愛する。将来は特に経済的安定に関心。	過去は割りきり、こだわるまいとする。未来には不安点を数えすぎ悲観主義。苦労性。	近い過去にはやや引きずられ未練さも。遠い過去はきれいに消える未来に楽観的で前向き	過去には、時に感傷的も未来と共に、そうこだわらぬ。現在の重要局面に迷いすぎる傾向

（能見正比古『血液型エッセンス』72～73頁）

縄田氏の論文の疑問点

現在、血液型と性格に関係がないという最も有力な根拠とされているのは、2014年に発表されたこの心理学論文でしょう。

縄田 健悟（京都文教大学）
「血液型と性格の無関連性――日本と米国の大規模社会調査を用いた実証的論拠――」『心理学研究』2014年

「無関連」なことがわかったという驚きの結果は、2014年7月19日に読売新聞のホームページでも紹介されました。

血液型と性格「関連なし」…日米1万人超を調査
読売新聞ONLINE 2014年7月19日 20時59分
血液型と性格の関連性に科学的根拠はないとする統計学的な解析結果を、九州大の縄田健悟講師（社会心理学）が発表した。
（中略）

縄田講師は、経済学分野の研究チームが、２００４～０５年に日米の1万人以上を対象に、生活上の様々な好き嫌いなどを尋ねた意識調査に、回答者の血液型が記載されていることに注目。血液型によって回答に違いがあるかどうかを解析した。

（中略）

計68項目の質問に対する回答のうち、血液型によって差があったのは「子供の将来が気にかかる」などの3項目だけで、その差もごくわずかだった。このため「無関連であることを強く示した」と結論づけた。

論文の結論はこの記事にあるとおりです。

不思議なことに、この「無関連」という結論に専門家の意見が続出して、血液型の議論が白熱した、という話は聞きません。そのせいなのかもしれませんが、私のような「素人」までがテレビ局や週刊誌から取材を受けることになりました。

この中では、特に週刊誌『女性セブン』の２０１４年の記事「『血液型と性格に関係なし』に7万人調べた血液型研究家反論」に、ネット上で意外なほど大きな反応がありました。

なお、縄田氏の論文には次のような問題点があり、「無関連」という結論は疑ってかかる必要があると思っています。

問題点1　論文中に、この研究で分析した質問項目は「心理学で扱われているような性格の測定を目的として測定されたものではなかった」とわざわざ断り書きがあります。つまり、**血液型で差がなかったのは「性格」ではありません**。

問題点2　論文中に、「**血液型間の有意差が見られた**国内研究としては、山岡（1999、2006）［サンプル6660人］やSakamoto & Yamazaki（2004）［サンプル3万2347人］が挙げられる。（中略）つまり、血液型性格判断を信じることが自身の性格（少なくともその認知）を変化させるといえる」とあります。特に後者については、サンプルがこの研究の3倍の3万人もあるため、血液型と性格の関連性を無視するのは奇妙です。

問題点3　英語版での質問項目22［Q22: If you make a critical decision, take risks or avoid］は統計的に有意（危険率0・7％）なので、「**差があったのは3項目でごくわずか」は誤りです**。

データの差が〝思い込み〟でない理由

第七章で説明したように、血液型によってデータに差があるという論文や研究報告は、意外なほど多く存在しています。

しかし、これらの論文の結論では、血液型と性格の関係が確認できたデータがあったとしても、本当に関係があるとは認めていません。その理由は、一見すると差があるように見えるのは、〝思い込み〟による錯覚のせいだから、ということのようです。

しかし、この考え方は、１７４、２００頁にある縄田氏の「データに差がない」という説明とは矛盾します。なぜなら、たとえ**血液型のデータに差があったとしても、それは単に表面的なことだけで、本当は関係がない**ということになるからです。データに差があって血液型と性格は関係ない、逆に差がなくとも関係がないというのは、後出しジャンケンのようなものです。おかしくありませんか？

では、実際に〝思い込み〟は存在するのでしょうか？　不思議なことに、〝思い込み〟の存在を直接的に証明した心理学の研究は見当たりません。そこで、処女作『統計でわかる血液型人間学入門』では、本当に〝思い込み〟が存在するかどうかを確認するやり方について考えてみました。その方法と結論を簡単に紹介しておきます。

図A　“思い込み”が存在する場合の傾向

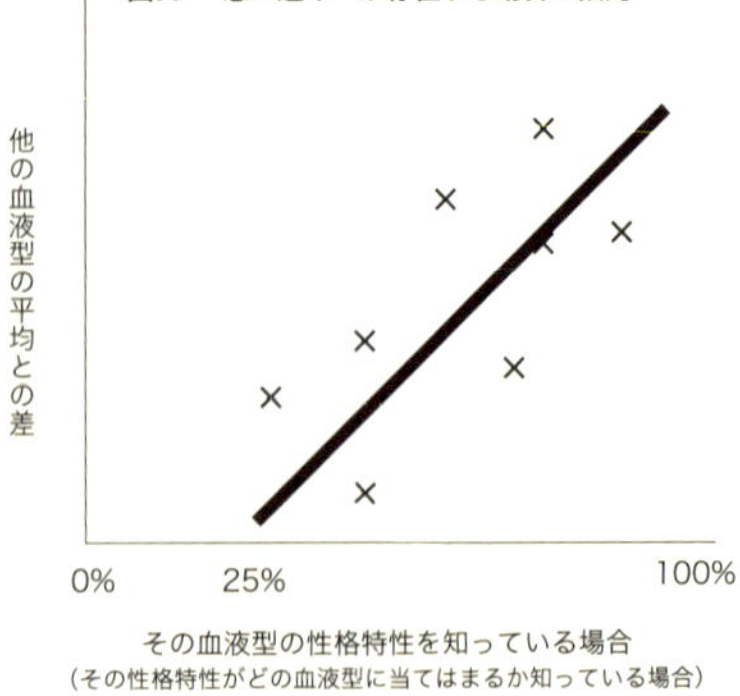

図B　“思い込み”が存在しない場合の傾向

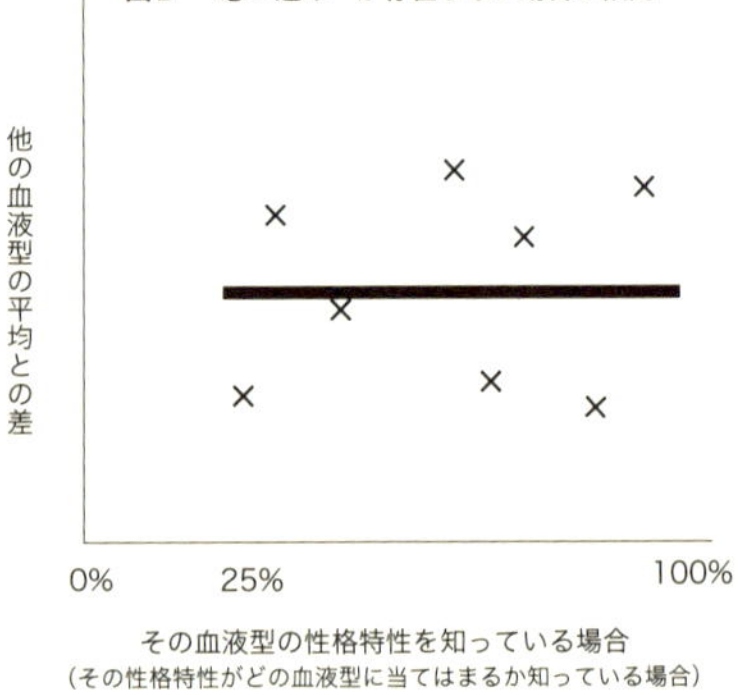

図C　実際のデータ → “思い込み”は存在しない！

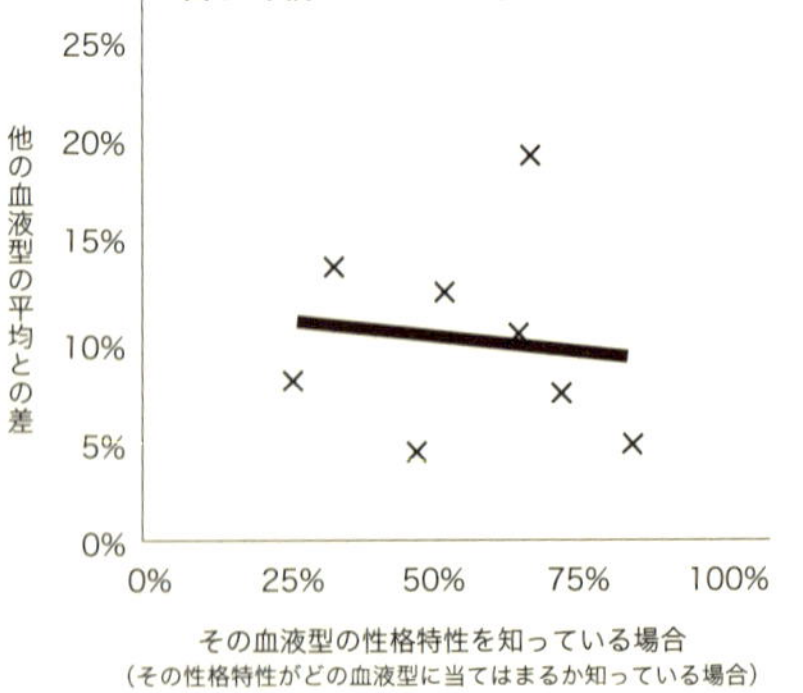

【注】血液型は4つしかないので、その血液型の性格特性を知っている割合＝その性格特性がどの血液型に当てはまるか知っている割合、がまぐれ当たりである¼の25％以下では無意味になります。

（渡邊席子「血液型ステレオタイプ形成におけるプロトタイプとイグゼンブラの役割」『社会心理学研究』１９９４年
山岡重行『ダメな大人にならないための心理学 第2夜　血液型性格診断に見るダメな大人の思考法』２００１年）

もし〝**思い込み**〟**が存在するとするなら、その血液型の性格特性を知っていればいるほど、自分に当てはまっていると回答するはずです**（×が実際のデータ、直線は傾向）。

つまり、「その血液型の性格特性を知っている割合」をX軸（横）、「他の血液型の平均との差」をY軸（縦）としてグラフを描くと、**グラフは図Aのような単純な右上がりの直線**（正の相関）となります。

逆に、〝思い込み〟が存在しないとするなら、その血液型の性格特性を知っている割合と、他の血液型の平均との差とは関係がないはずです。つまり、〝思い込み〟が存在する場合のような右上がりの直線ではなく、**X軸と平行な直線になるので、図Bのような傾向を示す**（無相関）ことになります。

現実のデータの傾向は図Cに示したとおりで、図Bの〝思い込み〟が存在しないという仮説を強く支持するものでした。そして〝**思い込み**〟**がないとするなら、血液型による差は「本当の差」だから、血液型と性格は関係がある、**ということになります。これが、統計データを素直に分析した結果なのです。

血液型性格特性と他の血液型の平均との差

血液型性格特性	血液型	本人の血液型の正答率（※1）	加重平均での差（※2）
目的のためとあらば、最大限の勇気と根性を発揮する	O	25.9%	**0.329** （ 8.2%）
協調性がある	A	47.4%	**0.178** （ 4.4%）
思慮深く、物事に対して慎重な態度をとる	A	84.2%	**0.199** （ 5.0%）
マイペース型で、周囲の影響は受けにくい	B	64.0%	**0.408** （10.2%）
楽観的である	B	52.0%	**0.486** （12.2%）
慎重さに欠けている	B	72.0%	**0.300** （ 7.5%）
妙にメルヘンチックな面がある	AB	33.3%	**0.543** （13.6%）
気分にムラがあって、ともすると2重人格のように見えることがある	AB	66.7%	**0.769** （19.2%）

※1　渡邊（1994）A型38人、B型25人、O型27人、AB型12人の計102人
※2　山岡（2001）649人 その性格特性が自分に当てはまっているかどうかを「1」（最小）～「5」（最大）の5点法で評価

【採用した質問項目】

山岡重行氏の論文で、血液型と性格の知識がある649人のうち、統計的に有意な差があったのは全28の項目中15項目です。このうち、本来の血液型と「正しく」一致したのは、15項目中、上の8項目のみとなります。

補足説明：データの差が〝思い込み〟でない理由

本来の血液型とは違う
「間違った」血液型性格特性に〝思い込ん〟でいるもの

血液型性格特性	本来の血液型	最高値を示した血液型
ものの言い方や表現法はもちろん、欲望の表し方もストレートである	O（3.401）	**B（3.449）**
個人主義的で、ともすれば自己中心的になってしまう	O（3.040）	**B（3.374）**
内向的で、問題を自分の中だけで解決する	A（3.347）	**AB（3.383）**
すぐに動揺してしまうことがある	B（3.578）	**A（3.793）**
行動派であり、好奇心旺盛である	B（3.524）	**O（3.684）**
親密な人間関係を避けたがる傾向がある	AB（2.100）	**B（2.306）**
飽きっぽい	AB（3.317）	**B（3.769）**

※　山岡（2001）649人 その性格特性が自分に当てはまっているかどうかを「1」（最小）～「5」（最大）の5点法で評価

【参考情報】

残りの7項目は上の通りで、「誤った」血液型への〝思い込み〟になります。もちろん、誤った血液型に〝思い込み〟はありえません。この点から見ても、血液型による性格の差は「本当の差」と解釈することが妥当と考えられます。

血液型のアンケート調査には数百人のサンプルが必要

サンプル人数の設定は、精度の高い調査にとって最重要なポイントです。対象がたった10人のアンケートの結果なんて、全然あてになりません。ただ、大量のデータを集めるのは本当に大変です。では、現実に何人ぐらいならいいのでしょうか。

テレビ番組の視聴率は、皆さんおなじみの数字ですよね。関東地区の調査なら、900世帯に専用の機器の設置をお願いして調べています。これでわかるように、**誤差の少ない調査をするためには、少なくとも数百人のサンプルが必要**となります。それより少ない人数では、統計的な誤差が10％を超える場合もあるのです。

血液型の差は10％程度が多いため、あまりにもサンプルが少ないと、出ているはずの差が、それを上回る誤差の中で埋もれてしまうかもしれません。

なお、第六章にあるように、男女差や年齢を無視して比較する場合には、何千人もの膨大なサンプルが必要になるので、さらに注意が必要です。

心理学の性格テストでは血液型の差はわからない

世界的に最も広く使われていて、心理学で「定評」がある性格テスト（性格検査）は、「ビッグファイブ」（名前は５つの性格因子という意味）というものです。このテストには、少なくとも次の14件の「血液型と性格」に関する論文が存在します。もちろん、日本だけではなく、世界的に調査されているのです。これらに共通する結論は、血液型の差は「ない」、あるいは他の調査とは一致しないということになっています。

ということは、ビッグファイブ性格検査では、血液型による性格の違いはほとんど現れて来ないということなのでしょうか？

実は、現在から10年ほど前に、誰もが仰天するような解答が公開されています。この論文の内容は、少なくとも私にとって、非常にショッキングなものでした。

それによると、ビッグファイブ性格検査の「個別」の質問では、血液型の特徴がそのまま出ていたのだそうです。しかし、**一つひとつの質問を５つの性格因子に集約すると、それまで出ていた差が相殺されてほとんど消滅する**ことが当たり前のように起きていることがわかったのです。心理学の性格検査は、なぜか血液型とは相性が悪く、遺伝的な性格の違いを分析するのには向いていないとでも考えるしかないのでしょうか。

この難問の解答を発見した、韓国の大学教授の論文の内容は２１４頁の通りです。

・**Big-Five Factor** モデルを活用した研究では皆血液型と性格は関係がないという結論が下された（SoHyun Cho, 2005; Cramer, 2002; Rogers, 2003; Kunher, 2005. ☞次頁の表の１〜４）。

・このために、SoHyun Cho 他（2005）から該当の研究の調査データの提供を受け、個別質問項目に対してデータを再分析してみた。

・このアンケートデータを質問項目別に再分析してみた結果、10個の質問項目で有意な血液型との関係が発見された（☞２１３頁の表のとおり）。

ビッグファイブ性格検査を使った「血液型と性格」の調査

No.	研究者	対象者	国
1	Kenneth M. Cramer, Eiko Imaike (2002)	419	カナダ
2	Mary Rogers, A. Ian Glendon (2003)	360	オーストリア
3	Kunher Wu, Kristian D. Lindsted et al. (2005)	2,681	台湾
4	Sohyun Cho, Eunkook M. Shu et al. (2005)	204	韓国
5	Zirak Morandlou Hossein (2012)	160	イラン
6	Jaroslav Flegr, Marek Preiss et al. (2013)	502	チェコ
7	Rebecca Anders Buckner, John E. Buckner (2014)	182	アメリカ
8	Fatemeh Beheshtian, Roghayeh Hashemi et al. (2015)	160	イラン
9	Mohammad Sharifi, Hamza Ahmadian et al. (2015)	400	イラン
10	Amreen Nahida, Nandini Chatterjee (2016)	100	イラン
11	川名好浩 (2003)	33	日本
12	森圭一郎、原野睦生 他 (2005)	172	日本
13	久保義郎、三宅由起子 (2011)	273	日本
14	清水武、石川幹人 (2011)	866 1,503	日本

【論文一覧】

1. Kenneth M. Cramer, Eiko Imaike (2002) Personality, blood type, and the five-factor model. Personality and individual Differences, 32, 621-626.
2. Mary Rogers, A. Ian Glendon (2003) Blood type and personality. Personality and Individual differences, 34 (7), 1099-1112.

3. Kunher Wu, Kristian D. Lindsted, Jerry, W. Lee (2005) Blood type and the five factors of personality in Asia, Personality and Individual Differences, 38, 797-808.
4. Sohyun Cho, Eunkook M. Shu, Yoenjung Ro (2005) Beliefs about Blood Types and Traits and their Reflections in Self-reported Personality, Korean Journal of Social and Personality Psychology, 19 (4), 33-47.
5. Zirak Morandlou Hossein (2012) The Relationship between Students' Personality Traits and Their Blood Types, Journal of Health and Development, 1 (3) :221-226.
6. Jaroslav Flegr et al. (2013) Toxoplasmosis-Associated Difference in Intelligence and Personality in Men Depends on Their Rhesus Blood Group but Not ABO Blood Group, PLoS One. 8 (4), e61272.
7. Buckner, Rebecca Anders, and John E. Buckner (2014) It is not in your blood: exploring claims that blood type and personality are linked, Skeptic [Altadena, CA], 19 (3) :24-27.
8. Fatemeh Beheshtian, Roghayeh Hashemi and Zolfaghar Rashidi (2015) The Five Personality Factors over the Students with Four Blood Types, Journal of Applied Environmental and Biological Sciences, 5 (8), 45-49.
9. Mohammad Sharifi, Hamza Ahmadian and Ali Jalali (2015) The relationship between the big five personality factors with blood types in Iranian university students, Journal of Chemical and Pharmaceutical Research, 7 (5), 233-240.
10. Amreen Nahida, Nandini Chatterjee (2016) A study on relationship between blood group and personality, International Journal of Home Science, 2 (1), 239-243.
11. 川名好浩（川村学園女子大学）血液型性格判断 － Big Five でのプロフィール－ 日本心理学会第 67 回大会論文集 p156 (2003)
12. 森圭一郎・原野睦生・江藤義典・津田彰・内村直尚（久留米大）・中川康司（奈良県医大）TCI と Big5 による性格と ABO 式血液型の関連解析 日本生物学的精神医学会プログラム・講演抄録 第 27 巻 p306 (2005)
13. 久保義郎・三宅由起子 血液型と性格の関連についての調査的研究 吉備国際大学研究紀要（社会福祉学部）第 21 号 p93-100 (2011)
14. 清水武・石川幹人 ＡＢＯ式血液型と性格との関連性ー主要５因子性格検査による測定 構造構成主義研究 (2011)

補足説明：心理学の性格テストでは血液型の差はわからない

質問項目別に再分析してみた結果

血液型	特性	質問項目	有意差のある比較対象
A	[思慮性]	協調的な※	B (p = .001)
		暖かい	AB (p = .026)
		親切な	B (p = .046)
		思いやりがある	AB (p = .028)
B	* 非創造的	独創的ではない	A (p = .040)
			O (p = .034)
O	[内向性]	内気な	A (p = .009)
		恥ずかしがりな	A (p = .010)
			B (p = .013)
	[外向性]	エネルギッシュな	B (p = .034)
	[不安定性]	無秩序な	B (p = .040)
	[思慮性]	協調的な※	B (p = .047)
AB	[論理性]	合理的な	B (p = .018)
	[思慮性]	協調的な※	B (p = .023)

(*) 表示：特性のカテゴリーに整理されていない項目

※は同じ項目

【参考】

前頁の「心理学の性格テストでは血液型の差はわからない」のもととなった、韓国の心理学論文の内容は次の通りです。〈論文の出典〈原文は韓国語〉: Sohyun Cho, Eunkook M. Shu, Yoenjung Ro［2005］Beliefs about Blood Types and Traits and their Reflections in Self-reported Personality, Korean Journal of Social and Personality Psychology, 19［4］, 33-47.〉

大学生を対象に研究を実施した結果、最も一般的な性格検査と呼ばれる性質の**ビッグファイブ性格検査と血液型の間には統計的に有意な関係がない**ことが分かった。しかし、ビッグファイブ性格検査ではなく、血液型別の性格、特定の固定観念形容詞としての性質を測定した場合には、血液型に応じた性格の有意差があることが分かった。特に4つの血液型の中でも、血液型別の性格特徴の固定観念のレベルが高いA型とB型にあっては、統計的に有意な結果が明らかになった。そして血液型別性格類型の信頼レベルに基づいて集団を分けて比較した結果、信頼性の高い人ほど、血液型別の性格、特定の固定観念に一致する方向に自分の性格を見ている傾向があり、信頼レベルが低い人の場合には、血液型別の性格、特定の固定観念に関する性格を測定した場合には、ビッグファイブと同様に、血液型による有意な性格の違いを示さなかった。**これらの結果は、血液型と性格の間に実質的な関係がなくても、血液型と性格についての人が持っている信念が人の思考や行動に影響を及ぼし、実際の自分や他人の評価を変更することもあることを示唆している。**

土嶺章子氏の論文が画期的な理由

２０１５年には、女性研究者である土嶺章子氏の血液型と性格についての論文★1が話題になりました。ネットでも相当大きなニュースになったので、覚えている人も多いかもしれません。不思議なことに、この論文は国内の学術誌ではなく、「PLOS ONE」という、海外のオンライン学術誌に英語で発表されました。

土嶺氏のこの論文が画期的なのは、血液型を自己申告させずに、ＤＮＡを分析して判別したことです。これで、記憶違いなどのミスが減り、血液型のデータの信頼性が大きく高まりました。また、性格を分析するために、ＴＣＩ★2という「気質」も調査できる性格検査を採用しました。分析結果と元データは、オンラインでも公開されています。最近の学術研究は、デジタル化が進んでいるだけではなく、国際化も進んでいるようです。

では、この論文の結論を簡単に紹介しておきましょう。

①ＴＣＩの７つの性格因子の中で、統計的に意味がある差（有意差）が出たのは、「持続（Ｐ）」という因子のみ
②危険率は２％で有意
③血液型の影響度を示す数値であるη^2は１％と比較的小さい

ここでは、公開されている元データをベースに再分析の結果を公開します。まず、有意差がある「持続（Persistence）」のスコアとなります。持続というのは、実際の質問項目から読み取ってみると、「忍耐強い」ということのようです。それなら、Ａ型が一番で、最下位はＢ型となるでしょう。たとえば、能見正比古氏の『血液型エッセンス』には、「耐久性」についてこうあります。

【Ｏ型】目的あればがんばり、特に待つ力は強い。が、無意味な我慢はせずダメとみて早いあきらめ。
【Ａ型】**継続的な努力や肉体的苦痛に辛抱強い。**変化多い状況に弱さ。興味の持続にはあきっぽさ。

【B型】興味の持続性では最大。**同じ状況が続いたり縛られるのにはごく弱い。**セカセカ型が目立つ。

【AB型】努力の価値を認め、努力家であろうと努力するが、本質的に、根気に欠ける気味がある。

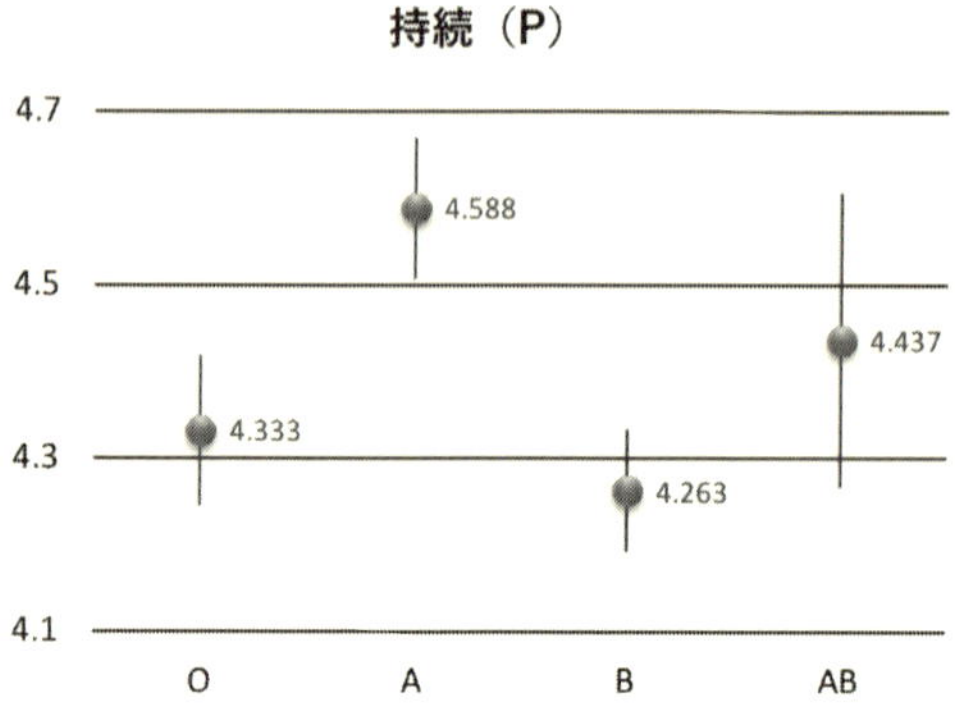

【注】点は実際の数値、上下に伸びる線は推定誤差の範囲。下位尺度の名称は、質問項目を参考に、血液型の特性と一致するよう適宜変更しました。

実際にも、「持続（Persistence）」の値は、上図の通り、A型が最も高く、B型が最も低くなっています。

持続以外の性格因子には有意差はありません。ただ、それでも、ほぼ血液型の性格特性と一致しているといってもよいでしょう。面白いのは、同じ性格因子でも、下位の性格因子同士では、血液型の傾向が違ってくる場合があることです。

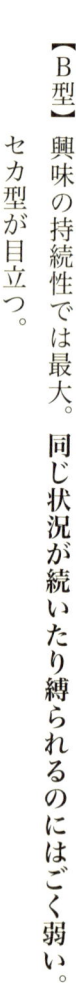

たとえば、報酬依存（ＲＤ）だと、サービス精神の質問があるＲＤ１はＡ型が高く、人への愛着を示すＲＤ３ではＯ型が最も数値が高くなっています。協調性（Ｃ）では、人への共感を示すＣ２ではＡＢ型の数値は低くないのですが、同情心を示すＣ４はＡＢ型が最も低くなっています。これは、Ｃ４に復讐心（同情心の反対）の質問があるためらしく、「復讐のＡＢ」で数値が下がるからでしょう。このようなことで、上位の性格因子になればなるほど、本来の差が相殺されて、見かけは差が小さくなってしまうことになります。まさにいままでの推測が現実

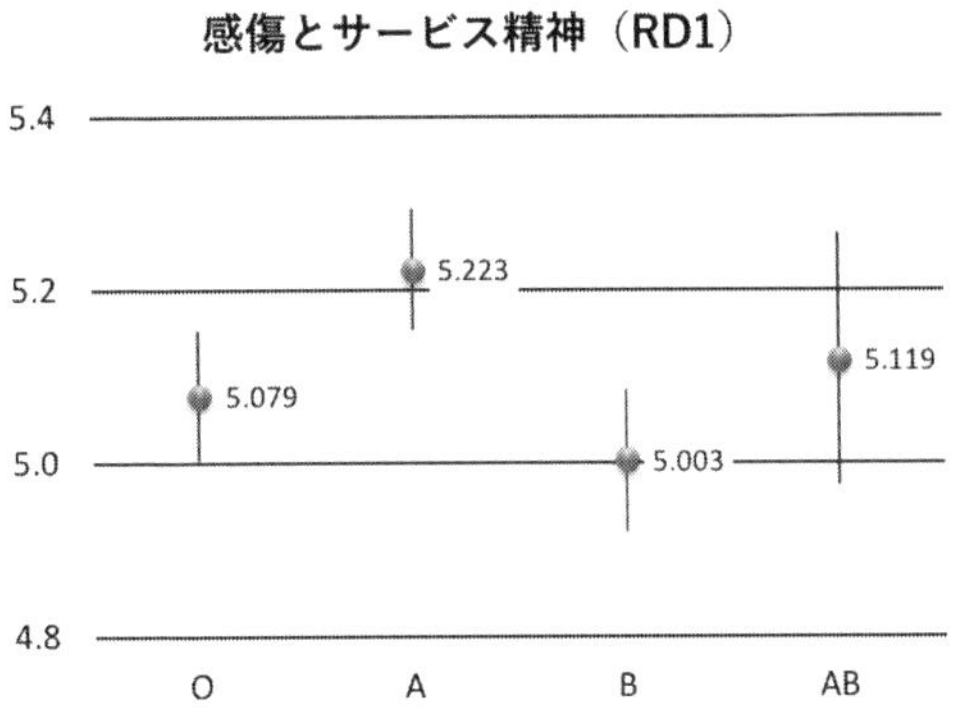

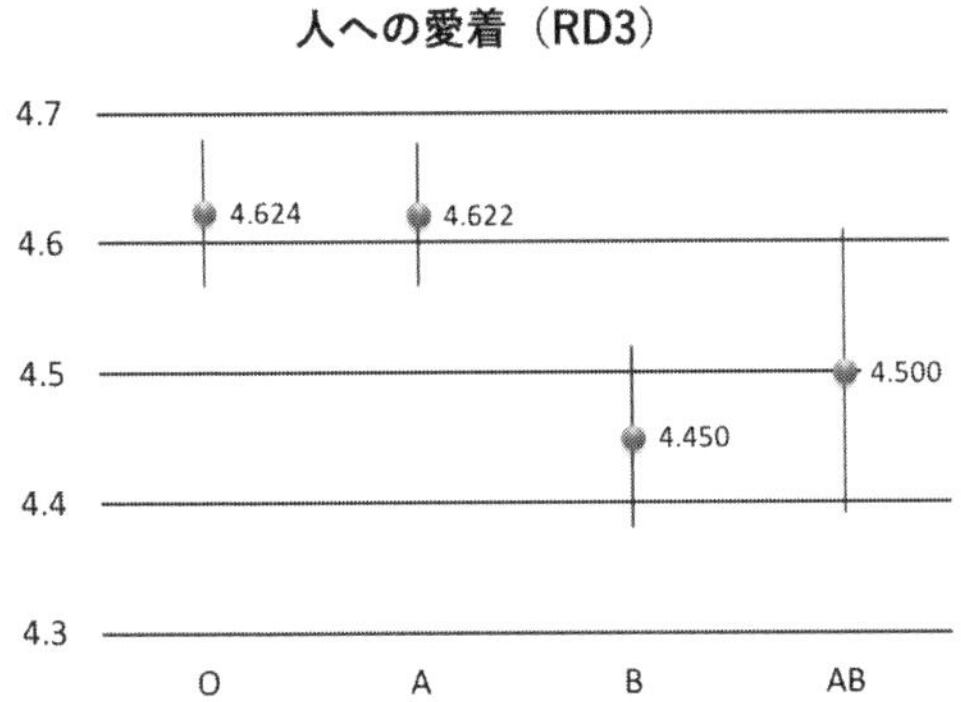

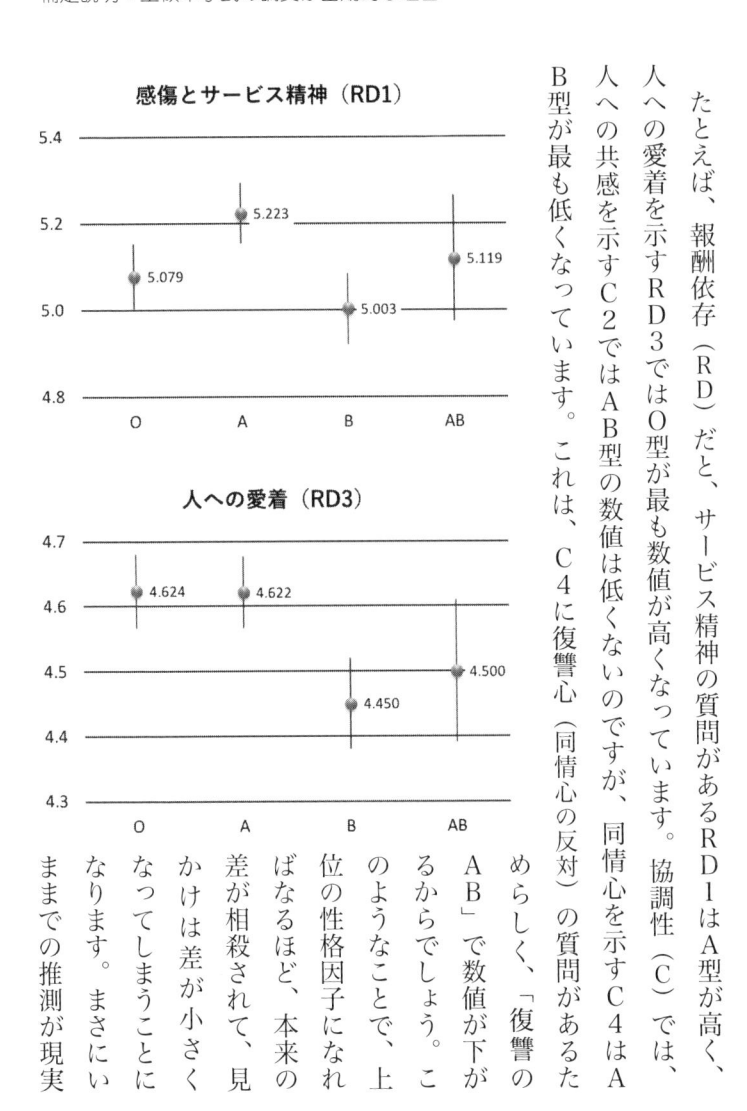

の数字で裏付けられる結果となりました。

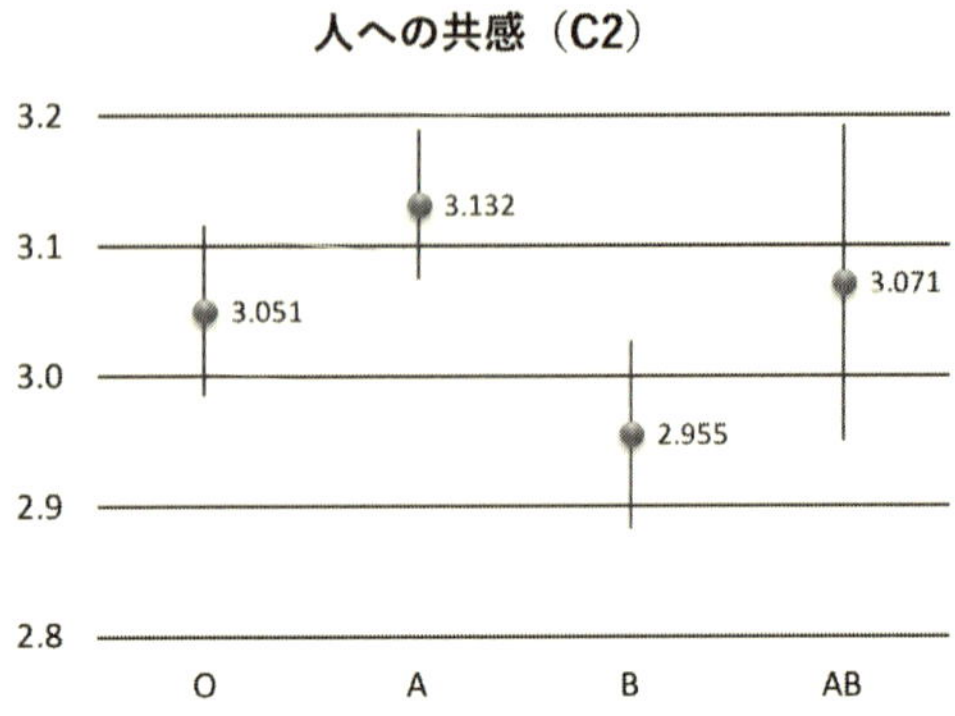

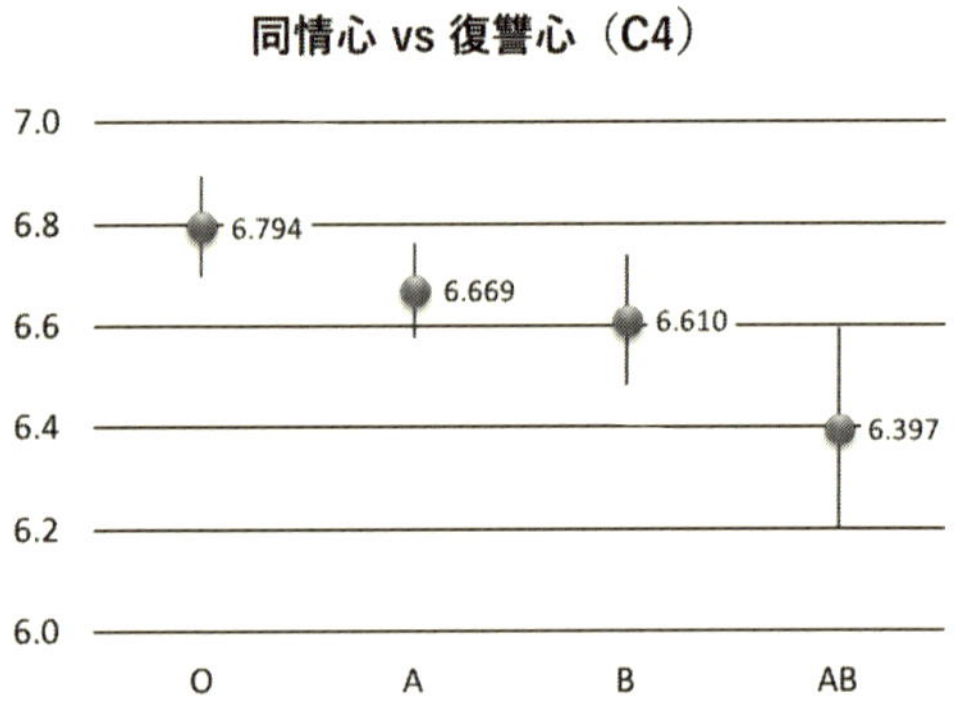

ところで、この論文では、血液型をDNA判定で調べているため、ABO遺伝子の影響を直接確認することができます。ざっくり分析してみたところ、A型は「持続（P）」の値が高いため忍耐強いのですが、B型とO型はその逆のようです。また、B型

は「自己超越性（ST）」の値が高いため、それほど自己と他者を区別せず、ここでもA型とは対照的な面を見せています。

もう少し細かく分析してみると、遺伝子の影響がより明確になるでしょう。

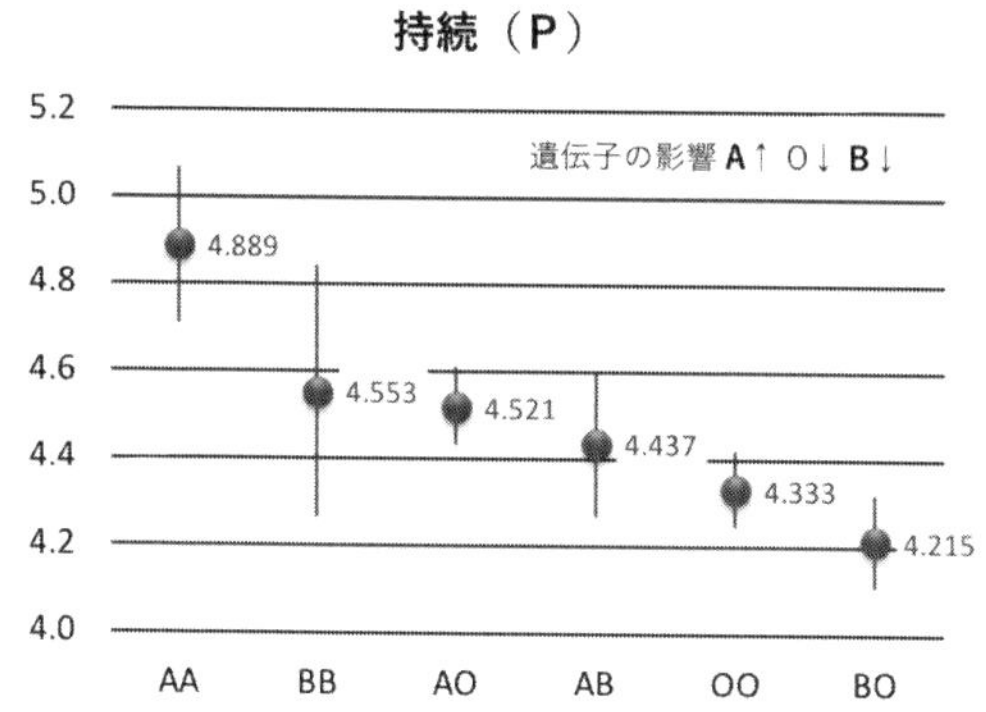

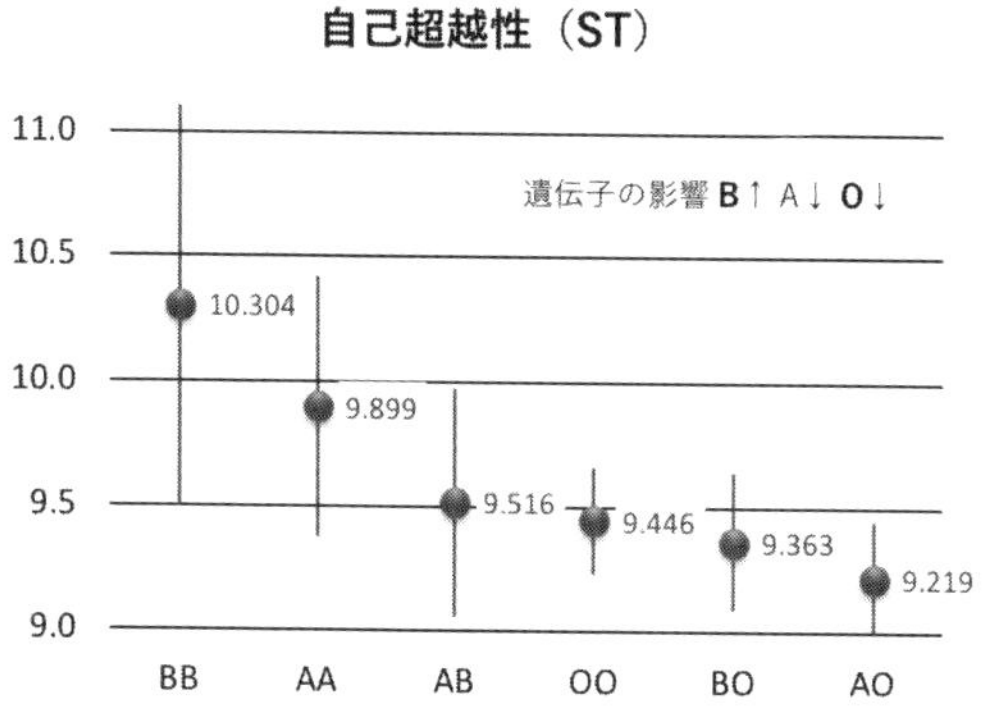

★1　Shoko Tsuchimine, Junji Saruwatari, Ayako Kaneda, Norio Yasui-Furukori, ABO Blood Type and Personality Traits in Healthy Japanese Subjects. Plos one. 2015.

★2　米ワシントン大学のCloningerによって開発された質問紙法による性格検査。240項目の質問からなる。「TCI」は、Temperament and Character Inventory＝気質性格検査の頭文字を取ったもの。気質（Temperament）の4因子、性格（Character）の3因子から性格を構成する。「持続（P）」以外は下位尺度もある。

バーナム効果について

血液型による性格が当たるように感じられるのは、「バーナム効果」のせいだと言っている人をよく見かけますが、この見解は基本的に間違っています。

バーナム効果というのは、**誰でも当てはまるような曖昧な特徴**が、自分にも当てはまると思い込むことです。たとえば、B型の特徴は「マイペース」が通り相場ということになっています。そこで、B型の人に、この「マイペース」は誰にでも当てはまる曖昧な性格だ、といったら笑い出してしまうでしょう。なぜなら、必ずしも他の血液型の人にそのまま当てはまるわけではないからです。また、何の変哲もない「誰にでも当てはまる」はずの性格特性を〝思い込む〟のは常識的に考えてもおかしいのです。（☞「データの差が〝思い込み〟でない理由」２０３頁）

参考までに、各血液型の典型的なイメージを示しておきます。

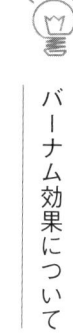

各血液型のイメージ

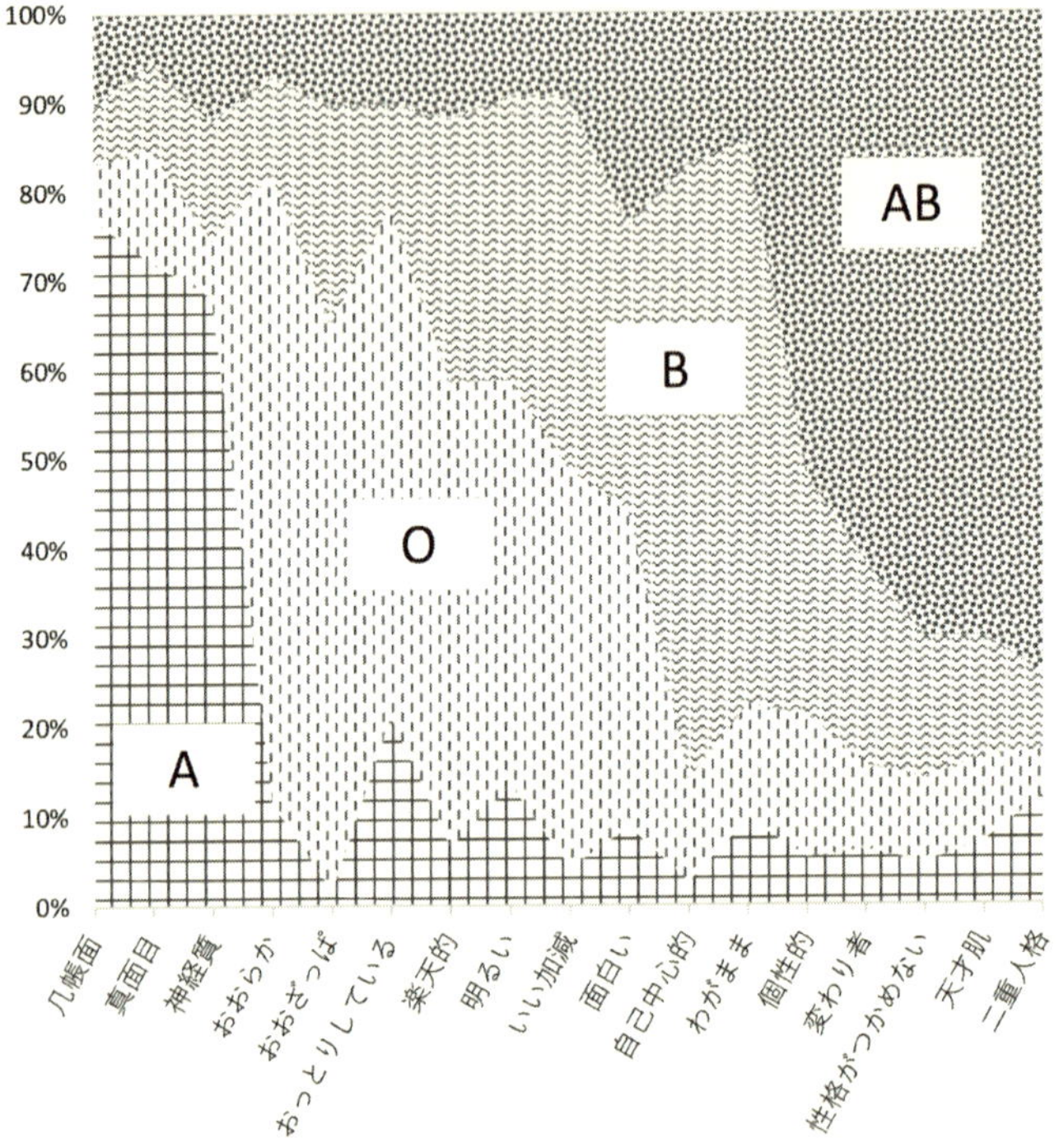

※各血液型のイメージを、合計が100%になるように調整した。
（情報学部広報学科３年松崎宏美「性格と恋愛にみる血液型効果」
『文教大学情報学部社会調査ゼミナール研究報告』2008年）

Ｏ型　おおらか、おおざっぱ、おっとりしている、楽天的
Ａ型　几帳面、真面目、神経質
Ｂ型　自己中心的（マイペース）、わがまま、面白い
ＡＢ型　二重人格、天才肌、性格がつかめない

ＢＰＯ裁判

２００４年12月に、放送倫理・番組向上機構（ＢＰＯ）の放送と青少年に関する委員会から、血液型と性格は「非科学的」で「差別的」だからテレビで放送すべきではないという内容の「『血液型を扱う番組』に対する要望」が出されました。

ただ、現在では、この「血液型を扱う番組」に対する要望』は実質的に撤回されています。

ＢＰＯにはそもそも「血液型と性格は関係がない」かどうかを科学的に判断する権限はありません。要望を出した当時の「放送と青少年に関する委員会」の委員７人中３人は、（血液型と性格に否定的な）心理学者で占められています。にもかかわらず、相当無理をしてこの「要望」を出したということは、メンバーの心理学者の３人には非常な危機感があった、という裏付けにもなるでしょう。

また、「差別的」というのもおかしいのです。差別ということで番組の放送を禁止できるなら、極論すれば何でも可能となってしまいます。例えば、「美人コンテスト」は

〝女性差別〟だから放送禁止、あるいは「クイズ番組」は〝知的能力に対する差別〟だから……という調子です。

当然というべきでしょうが、2011年に血液型人間学研究家の岡野誠氏がBPOを相手取って裁判を起こしました。二審判決でも原告敗訴にはなったとはいえ、この「要望」は実質的に取り下げられてしまいました。次の二審の判決文を読んでみてください。

本件要望が、（中略）血液型と人間の性格、行動パターン、病気等との関係を学術的に研究する学問自体の存在自体を否定したり、これについても占いの類と同列であるとして否定的な評価をしたりするものではないし、**学術的に裏付けられた内容で、しかも、青少年にも配慮して番組を制作することを否定する趣旨を含むものとは解されない。**

つまり、裁判は実質的に〝原告勝訴〟と言ってもいいでしょう。

ただ、この「要望」の実質的な効果はまだ残っているようです。現在、一昔前のような科学的なテレビ番組が放映されていないのは、非常に残念なことです。

【要望の抜粋】

2004年12月8日

「血液型を扱う番組」に対する要望

放送倫理・番組向上機構［ＢＰＯ］
放送と青少年に関する委員会

「血液型を扱う番組」が相次ぎ放送されている。それらの番組はいずれも、血液型と本人の性格や病気などとの関係があたかも実証済みであるかのごとく取り上げている。放送と青少年に関する委員会（以下、青少年委員会）にも、この種の番組に対する批判的意見および番組がもたらす深刻な状況が多数寄せられている。

それらの意見に共通するのは、「血液型と性格は本来、関係がないにもかかわらず、番組の中であたかもこの関係に科学的根拠があるかのように装うのはおかしい」というものである。意見の中には、「これまで娯楽番組として見過ごしてきたが、最近の血液型番組はますますエスカレートしており、学校や就職で血液型による差別意識が生じている」と指摘するものもあった。

放送局が血液型をテーマとした番組を作る背景には、血液型に対する一種の固定観念とでもいうべき考え方や見方が広く流布していることがあげられる。

しかし、血液型をめぐるこれらの「考え方や見方」を支える根拠は証明されておらず、本人の意思ではどうしようもない血液型で人を分類、価値づけするような考え方は社会的差別に通じる危険がある。血液型判断に対し、大人は〝遊び〟と一笑に付すこともできるが、判断能力に長けていない子どもたちの間では必ずしもそういうわけにはいかない。こうした番組に接した子どもたちが、血液型は性格を規定するという固定観念を持ってしまうおそれがある。

また、番組内で血液型実験と称して、児童が被験者として駆り出されるケースが多く、この種の〝実験〟には人道的に問題があると考えざるを得ない。

実験内で、子どもたちは、ある血液型の保有者の一人として出演、顔もはっきり映し出され、見せ物にされるような作り方になっている。中には子どもたちをだますような実験も含まれており、社会的にみて好ましいとは考えられない。

青少年委員会では、本年6月以降、番組内での〝非科学的事柄の扱い〟全般について検討してきたが、ことに夏以降、血液型による性格分類などを扱った番組に対する視聴者意見が多く寄せられるようになった。そこで委員会では集中的に「血液型を扱う番組」を取り上げ、いくつかの番組については放送局の見解を求め、公表してきた。その過程で、放送局は「○○と言われています」「個人差があります」「血液型ですべてが決まるわけではありません」「血液型による偏見や相性の決めつけはやめましょう」など、注意を喚起するテロップを流すようになった。しかし、これは弁解の域を出ず、血液型が個々人の特徴を規定するメッセージとして理解されやすい実態は否定できない。

民放連は、放送基準の「第8章 表現上の配慮」54条で、次のように定めている。

〔54条〕

占い、運勢判断およびこれに類するものは、断定したり、無理に信じさせたりするような取り扱いはしない。

〔解説〕

現代人の良識から見て非科学的な迷信や、これに類する人相、手相、骨相、印相、家相、墓相、風水、運命・運勢鑑定、霊感、霊能等を取り上げる場合は、これを肯定的に取り扱わない。

これらを踏まえ、青少年委員会としては、「血液型を扱う番組」の現状は、この放送基準に抵触するおそれがあると判断する。

青少年委員会は、放送各局に対し、自局の番組基準を遵守し、血液型によって人間の性格が規定されるという見方を助長することのないよう要望する。

同時に、放送各局は、視聴者から寄せられた意見に真摯に対応し、占い番組や霊感・霊能番組などの非科学的内容の取り扱いについて、青少年への配慮を一段と強められるよう要請したい。

厚労省が「血液型は非科学的」「正当な評価を受けられない」という見解を撤回

血液型人間学研究家の岡野誠氏によると、厚生労働省は２０１８年2月8日付で、採用選考のガイドラインを示した『公正な採用選考をめざして（２０１８年度版）』から、「『血液型や生年月日による星座』による性格判断は非科学的なもの」という見解を撤回したとのことです。

現物を確認してみたところ、確かに「非科学的」という記述が削除されていたので驚きました。

２０１７年度版　問題事例７
「血液型や生年月日による星座」による性格判断は**非科学的なもの**

２０１８年度版　問題事例７
「血液型や生年月日による星座」は**本人に責任のない生まれ持った事項**

これで、**厚生労働省は公式に「血液型と性格は非科学的」という見解を撤回したこと**になります。

岡野氏の話では、厚労省の担当者は、血液型と性格に関連性があるかという「学問上の争いの事に国が非科学的と称し、介入したことはまずかった旨を認めた」そうです。氏はこういう話も聞いたそうです。彼の著書『血液型人間学は科学的に実証されている』を担当者に読んでもらったところ、この担当者は、「統計学のことは、よくわからないが、この本を読んだら［血液型と性格の関連性が非科学的かどうか］わからなくなってしまった」とも言っていた、と。

厚生労働省は、科学的には「血液型と性格の関連性」を判断できないのですから、いままでの態度が非常識だったのではないでしょうか。

いうまでもなく、医学や生理学の知見は日進月歩ですから、○○が非科学的といった常識は、明日は変わるかもしれません。我々はそういう実例を数多く目撃しています。統計学もわからないような人が、頭ごなしに「非科学的」などというような言葉を使わないでほしいと思います。

その後、最新の２０１９年度版になると、血液型などにより「正当な評価を受けられない」という表現が削除され、イメージがさらに改善されました。

２０１８年度版 問題事例７

「血液型や生年月日による星座」は本人に責任のない生まれ持った事項であり、それを把握し「特定の個人」の適性・能力を固定して見ることになれば、**正当な評価を受けられないことになるほか**、これらについて把握されることに心理的負担と感じる応募者を生むおそれがあります。

２０１９年度版 問題事例７

「血液型や生年月日による星座」は本人に責任のない生まれ持った事項であり、それを把握し「特定の個人」の適性・能力を固定して見ることになれば、これらについて把握されることに心理的負担と感じる応募者を生むおそれがあります。

岡野氏によると、血液型人間学の知識を活用すれば、正当な評価を受けられる場合もあるはずで、「正当な評価を受けられない」という決めつけこそ大問題だと指摘したからとのことです。それだけではなく、問題事例7と同じ28頁の右下にある、女性がバッアピールしているイラストも削除されました。

これらのことにより、血液型人間学について、明確な根拠もないマイナスイメージが大幅に改善されることになりました。

専門家の言説は時代で変わる

ここでは、「血液型と性格」についての専門家の言説について取り上げます。わかりやすくするために、代表的な否定論者の一人である菊池聡氏の主張を時系列順に見ていきます。

① ２０００年以前の例

２０００年以前は、「統計データ」で差がないから、血液型と性格は関連しないという見方が主流でした。

血液型学に限らず、おおよそすべての性格理論は統計的なものであって、集団全体の傾向としてしかとらえられない。たとえば筋肉を使った運動能力は女性よりも男性の方が優れていることに誰も異論はないと思うが、それでも特定の男性を取り上げれば、平均的な女性より力が弱い人はざらにいるだろう。必要なのは個々の事例ではなく、統計的な事実なのである。

いずれにせよ、**血液型性格判断はなぜ虚偽なのか、これは提唱者が言うような性格の差が、現実に信頼できる統計データとして見あたらないという点につきる。**

（菊池聡「不可思議現象心理学9　血液型信仰のナゾ―後編」月刊『百科』1998年3月号）

② 2005年以降

しかし、2005年以降に「統計データ」で性格の差が発見されたという論文が日本でも続々と発表され始めると、差の有無は問題ではなく、血液型で性格を判断できるような〝大きな差〟が必要であるという意見が主流となります。

これまでも、多くの心理学者が、比較的きちんとした性格テスト手法に基づいて、血液型によって人や適性や行動に、血液型性格論者が言うような**診断力のある差異**が見いだせるかどうかを研究しています。しかし、そこには、信頼性と再現性がある差異は見つかっていません。いわば、**血液型で人を見分けることができると**

いうのは、ただの「錯覚」だということなのです。

（菊池聡『「自分だまし」の心理学』２００８年、86頁）

③ ２０１０年以降

その後、何千人、何万人という大規模な「統計データ」でも性格の差が出ていることが明らかになると、多くの専門家は統計データの話題は避けるようになります。その理由は〝回答拒否〟のため確認できませんが、おそらく意図的に避けているのだろうと推測されます。

ＡＢＯ式血液型を手がかりに、人の性格や相性、職業適正などを幅広く見分けられる―この主張を広めたジャーナリストの能見正比古は、自説を「血液型人間学」と称した。（中略）これこそが現代の日本に最も浸透した疑似科学のひとつであることは間違いない。

（菊池聡『なぜ疑似科学を信じるのか』２０１２年）

※１３５―１６０頁にある長文の「第六章　血液型性格学という疑似科学」には、具

体的に統計データを示した反論は一切ない

なお、菊池聡氏の言う「信頼できる統計データ」は、たとえば武藤、長島氏らによる科研費成果報告書などに公表されています。(☞239頁)

血液型と性格に関する解析では、過去の研究結果を拡張することができたとともに、21世紀以降のデータでは、**安定して血液型ごとに性格の自己申告について有意な差が出ることが判明した。**

(武藤浩二、長島雅裕ほか「教員養成課程における科学リテラシー構築に向けた疑似科学の実証的批判的研究　2011年度」『科研費研究成果報告書』2012年)

川本、小塩氏らの年齢差と性差の研究

年齢と性別は性格に大きく影響するという状況は、血液型だけでなく、心理学の「ビックファイブ（5因子）」性格検査でもほぼ同じです。スコアは年齢や性別に関係していますが、その影響は謎めいています。次の図に示すように、「開放性（openness）」の2つの項目は、年齢と男女で別々の影響があることを示しています（この場合は、5つの性格因子におのおの2つの質問項目があります）。

このことは、209頁の「心理学の性格テストでは血液型の差はわからない」で説明したように、**一つひとつの質問を5つの性格因子に集約すると、出ていた差が相殺されて小さくなるか、ほとんど消滅する**現象が決して珍しくないことを示しています。スペースの関係で紹介していませんが、他の性格因子でも同じような傾向が見られます。やはり、心理学の性格テストでは血液型の差は解析しにくいようです。

なお、この論文のサンプル数は、男性21112人、女性24476人の計45588人で、この種の分析には十分と言えます。

開放性 Openess のスコア

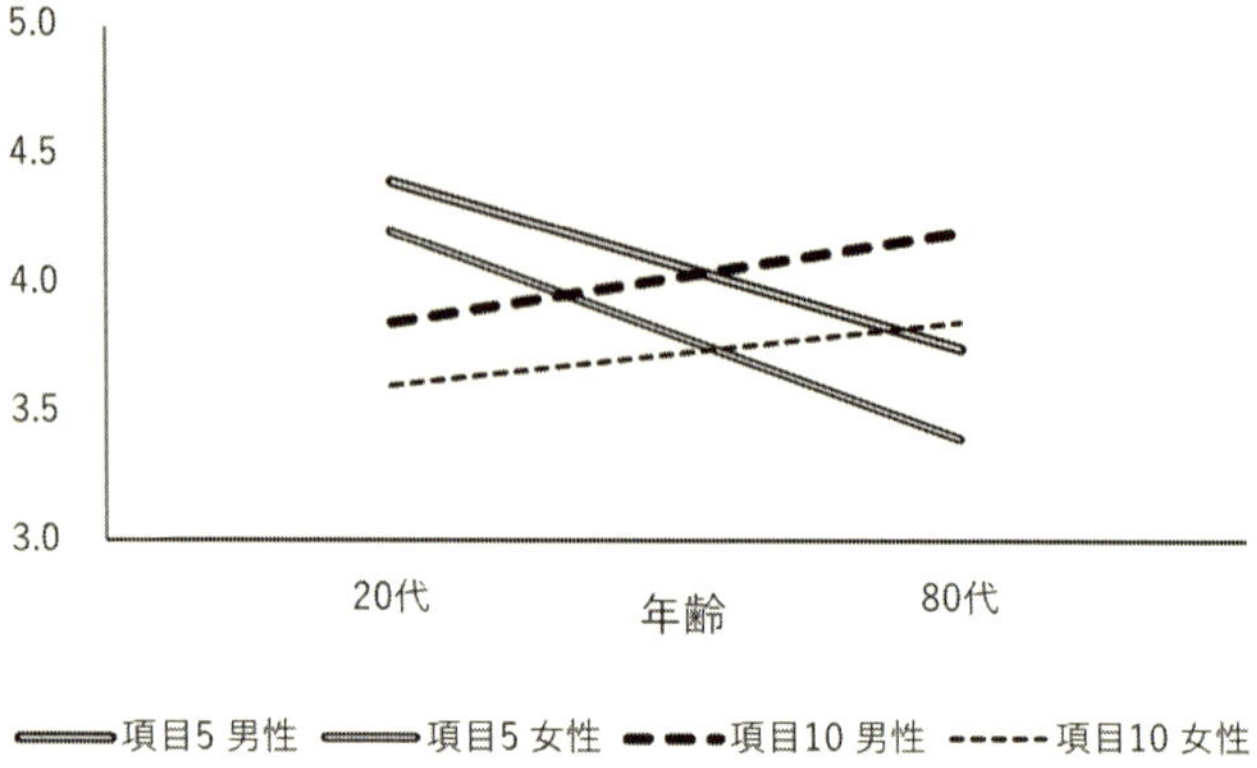

項目　5：新しいことが好きで、変わった考えを持つと思う
項目 10：発想力に欠けた、平凡な人間だと思う

いずれも 1（全く違うと思う）～ 7（強くそう思う）で回答

【注】
1. 項目 10 は反転項目であるため、これらのスコアは調整後のもの
2. 項目 5 と項目 10 の相関係数（r）は 0.29（中程度）

【出典】
川本哲也・小塩真司・阿部晋吾・坪田祐基・平島太郎・伊藤大幸・谷伊織
「ビッグ・ファイブ・パーソナリティ特性の年齢差と性差―大規模横断調査による検討―」『発達心理学研究』2015 年

武藤、長島氏らの科研費研究成果報告書

武藤浩二、長島雅裕氏らは、血液型と性格の関連性を調べるため、山崎・坂元氏が採用したJNNデータバンクのデータと解析方法[★1]を最新のデータで追試することにしました。調査時点で利用可能なJNNデータバンクの「すべてのデータ」を解析したところ、結果は山崎・坂元氏と同じく、自己報告の性格に明らかな差が見られました。

> 血液型と性格に関する解析では、過去の「山崎・坂元氏が20世紀に行い、血液型に性格の差があるという結果の」研究結果を拡張することができたとともに、21世紀以降のデータでは、安定して**血液型ごとに性格の自己申告について有意（意味のある）な差が出る**ことが判明した。[★2]

これはすなわち、血液型と性格に関連性が認められるということです。長島雅裕氏自身がこう述べています。

血液型と性格の間に関係があるかどうかを調べる最も直接的な方法は、大勢の人々の血液型と性格を調べ、血液型ごとに特徴的な性格があるのかどうかを解析する、というものです（当たり前ですね）。問題はどうやって性格を知るか、です。最もシンプルな方法は、**アンケートを取り、自分の性格をどうみなしているかを訊くことです**。もちろん、これが客観的に「正しい」性格を表しているとは限りません。厳密に言えば「その人が思っている自分の性格」ですが、とりあえずはこれを性格と見なして話を進めましょう。★3

もっとも、血液型による差はかなり小さく、日常生活で「使える」ほどの大きな違いにはなっていない、と断っています（これも山崎・坂元氏と同じ）。

さて、この武藤氏らの研究では、調査年と対象者数は、ＪＮＮデータバンクの「すべてのデータ」を対象にしたので、当然のことですが先行研究の山崎氏らの３万２３４７人より大幅に増えたはずです。ところが、極めて不可解なことに、彼らの研究成果報告書には、**調査年と対象者数が何も書いていないのです！** それだけではなく、「血液型による違い」についても、根拠となる数字が何もありませんでした。こんなことがあり得るのでしょうか……。

素人の研究ならいざしらず、国費（科研費）で行った研究なら、報告書に調査年と対象者数の両方とも書いていないはずはありません。ましてや、結論の根拠となる数字なら問題外です。もちろん、科研費に限らず、常識的に考えても、科学者の研究報告書なら、そんなことは絶対にあり得ないはず。しかし、このあり得ないはずのことが現実に起こってしまったのです。さらにおかしいのは、同じ報告書の中には疑似科学とされる「水からの伝言」についての説明があり、こちらでは、全ての数字がきちんと明記されているのです。となると――少々考えにくいことですが――何らかのミスではなく、「血液型」だけ具体的な数字を〝意図的〟に書き入れなかったのでしょうか？[★4]

そんなことを考えてもしょうがないので、自分で計算するしかありません。そこで、調査年と対象者数は3種類のケースを想定し、人数が少ない順にA、B、Cとして推定をしてみました。

結果はというと、中位の推計でも約20万人で、前代未聞の大人数になってしまったのです！

もっとも、武藤氏らの研究の対象となったのは、日本人の38・1%を占めるA型と21・8%のB型だけです。この2つの血液型を合計しても、全体の6割足らずに過ぎません。だから、実質的な対象者は**10万人余り**と考えるのが妥当でしょう。それでも、「史上最大」のデータであることには間違いないのです。

★1 山崎賢治・坂元章「血液型ステレオタイプによる自己成就現象—全国調査の時系列分析—」『日本社会心理学会第大会発表論文集』1991年（☞163頁を参照）

★2 武藤浩二、長島雅裕ほか「教員養成課程における科学リテラシー構築に向けた疑似科学の実証的批判的研究」『科研費研究成果報告書 2011年度』2012年

★3 長島雅裕「科学教育教材としての『血液型性格判断』」『理科の探検』2015年4月号

★4 その後の情報によると、〝社会的な影響〟を考慮して、意図的に非公開にしたという話もあるようです。

補足説明：武藤、長島氏らの科研費研究成果報告書

調査対象者数の推定

調査時期 （年）	1年の対象者数	ケースA （低位） （人）	ケースB （中位） （人）	ケースC （高位） （人）
1978 － 1992	3,100 人 × 2 回	93,000	←	←
1993 － 1999	3,500 人 × 2 回	49,000	←	←
2000 － 2001	7,400 人 × 1 回	14,800	←	←
2002 － 2006	7,400 人 × 1 回	－	37,000	←
2007 － 2011	7,400 人 × 1 回	－	－	37,000
合計	**－**	**156,800**	**193,800**	**230,800**

【調査対象者の推定方法】

JNN データバンクのホームページを調べた結果、2013 年の最新版データには「血液型」が存在していることが確認できました。しかし、残念なことに、必要なB型項目である「17. 気がかわりやすい」は現在はなくなってしまったようです。

報告書の本文をもう一度読んでみると、「90 年代以降、山崎・坂元の結果［1978-1988 年］は固定化（血液型による違いが安定化した）し、かつ2000 年代以降は分散も小さくなり、血液型による違いが統計的に明確に有意であることが示された。」とあります。これで、問題のB型項目が 2000 年まで存在したことは確実です。報告書の概要にも「21 世紀以降のデータでは、安定して血液型ごとに性格の自己申告について……」ともあるので、少なくとも 21 世紀の最初の年である 2001 年までは大丈夫のようです。

そこで、このB型項目の存在期間について、３つのケース：

- A-2001 年まで（21 世紀の初年）
- B-2006 年まで（A と C の中間）
- C-2011 年まで（研究成果報告書の最終年度）

を仮定して、それぞれの調査年数と調査対象者数を計算してみました。

言葉で性格がわかるのか

味覚は人によって違います。たとえば、微量の砂糖を水に溶かして飲んでみると、甘いと感じるかどうかは人によって差があるのです。

同様に、性格の感じ方も、味覚のように人によって違いがあるとすれば、多くの調査結果と一致することになります。男女の性格に差があると思う人は全体の8割程度です[★1]が、血液型では既に述べたように7割程度、県民性はもっと少なくてほぼ半分です[★2]。確かに、これは差の大きさの順になっているようです。

もし、そうだとすると、かつて能見正比古氏が書いていたように、心理学の性格テストの限界も明らかになったことになります。

なぜなら、心理学では次のことを当然のこととして仮定しているからです。

【心理学が当然としている仮定】

①性格は言葉で測定できる（＝性格は言葉による自己報告）

②同じ言葉は人によらずに同じ意味である
③性格の自己報告は信頼できる

こういう仮定がないと、性格テストの正確さが保証されないことは明らかです。しかし、考えるまでもなく、これらの3つの仮定には無理があります。そしてまた、これらは現実のデータによってものの見事に覆されてしまうのです。

①性格は言葉で測定できる

考えるまでもなく、言葉だけで性格が測定できるはずもありません。

②同じ言葉は人によらずに同じ意味である
③性格の自己報告は信頼できる

この2つも事実とは合っていないのです。

なぜなら、血液型によって性格に差があると感じているのは、繰り返しになりますが日本人の70％程度だからです。ところが、差があるかどうか比較するのは、「グループ」としての血液型ですから、誰でも同じ差が出る理屈になります。このように、同じ基準で性格の自己報告や他人の観察をしているという前提が成り立っていないことは明らかでしょう。面白いことに、性格の感じ方は、それぞれの性格特性によって違うようです。ある特性の差を感じやすい人が、別な特性では差を感じにくいということはよく聞く話ですね。

性格は環境との相互作用です。だから、環境が変われば、それに対応して性格も変わることになります。人が同じ言葉に同じ反応をするのは、環境が同じという条件付きの話です。誰だって、家庭と学校や職場とでは性格の表現は違うでしょうし、現在と5年前でもそうでしょう。このように、環境が変われば必ず反応が変わるはずです。だから、違う環境では、同じ言葉に同じ反応をすることは「ない」ということになります。

とはいっても、言葉の他に性格を測定するうまい方法が見つからない限り、なんとか工夫して使うしかないというのも残念な現実なのです。

★1　福島県男女共生センター自主研究「男女の特性に関する調査」２００３年

★2　ＮＨＫ放送文化研究所「現代の県民気質─全国県民意識調査─」１９９７年

AIで血液型を当てる方法

AIが「人の性格」の解明に与えるインパクトは、決して少なくないでしょう。

たとえば、既存データの再分析なら、意外にあっさりとできてしまいます。なぜなら、アマゾンのAI（機械学習）なら、統計やプログラミングの知識がほとんどなくとも使えるからです。参考までに、私が行った「AIで血液型を当てる方法」を簡単に紹介しておきます。

まず、血液型で差が出そうな質問を最低10個程度用意します。心理学の性格テストでは、簡易型なら項目が10個ぐらいのものもあるので、テスト的にやるなら、とりあえずこの程度で大丈夫です。もっとも、あまりにも質問項目が少ないと当たらないとは思いますが……。

そのほかに、非言語情報である性別や年齢は必須でしょう。また、それ以上に職業による影響も無視できません。

なお、これらのデータは、あらかじめ名義尺度（「はい」「いいえ」で回答するような、大小関係がない「名前」のようなデータ）と比例尺度（傾向があてはまるかどうかを1〜5点で回答するような「数値」として扱えるデータ）に分けておきます。

実際のデータは、インターネット調査会社に頼めば、比較的簡単に入手できます。そういうデータを数千人程度用意し、あとはアマゾンのＡＩに読み込ませて自動的に分析させるだけです。私は、やり方をやさしく図解している「648 blog」というブログを参考にしました。

ただ、この「おまかせ」の方法にも問題がないわけではありません。現在ＡＩで主流の「ディープラーニング（深層学習）」という手法では、なぜ血液型を当てられるかがわからないのです。それでも、どのような質問項目を選べばうまく当たるのか、あるいは男女や年齢にどの程度の影響があるのかは、結果を眺めればある程度は判断できます。よって、どのようにして血液型が当たるようなデータを選ぶかが肝心だということになります。

AIが拓く性格分析の可能性

心理学における性格は、実際にはどのように定義されているのでしょうか。詳細に解説すると相当面倒なので、これまたざっくり説明しておきます。

現在主流となっている方法では、性格を表す何千何万の「言葉」から、同じような意味の言葉をグループ化して「性格因子」としています。学問的に詳細に説明すると、多変量解析法の一つである「バリマックス回転[★1]」という手法を使って性格因子を抽出しているのです。

いまのところ、心理学の定説としては、性格因子は大きく分けると5つあるということになっていて、そのとおり「ビッグファイブ[★2]」という名前で呼ばれています。

もっとも、多変量解析を知っている人はおわかりでしょうが、この方法には理論的な限界もあります。というのは、バリマックス回転は、関係性をグラフにすると直線になる「線形」のモデルを想定しているからです（図A）。

しかし、人の性格がそんなに単純なはずはありません。実際には、関係性は直線ではなく曲線を描くこともあるはずで、つまり「非線形」になるはずです（図B）。ところが、バリマックス回転では、非線形のモデルは想定していないため、きちんと分析できません。ですから、この方法で仮に「性格因子」を抽出できたとしても、必ずしも現実に沿ったモデルだという保証はないのです。

図A　心理学が想定する“線形”の関係

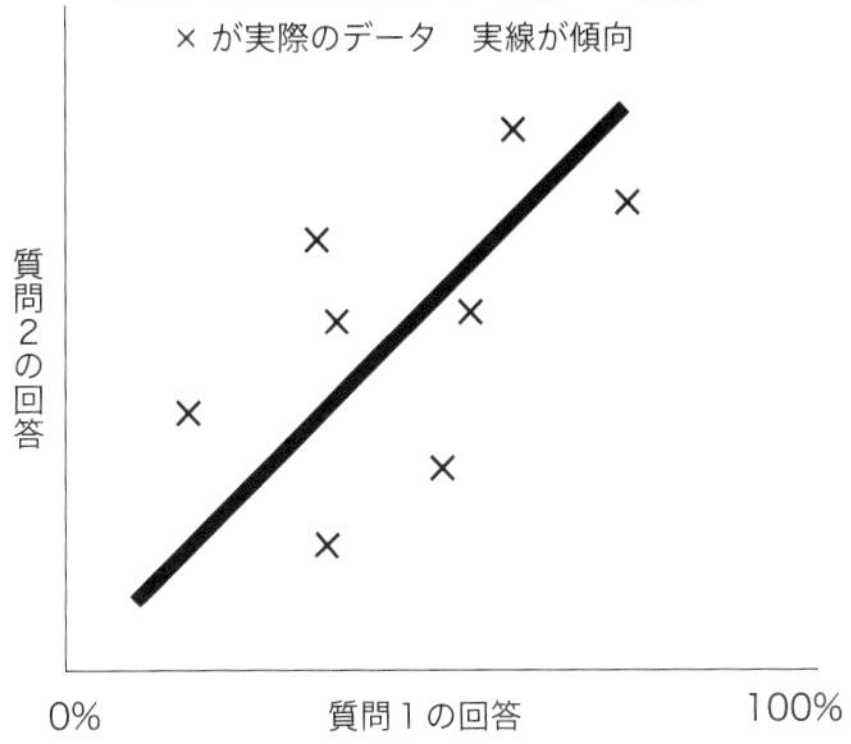

質問１と質問２の関連性は線形なので、同じ性格因子とする。
☞バリマックス回転で性格因子を抽出可能

図B　心理学が想定していない“非線形”の関係

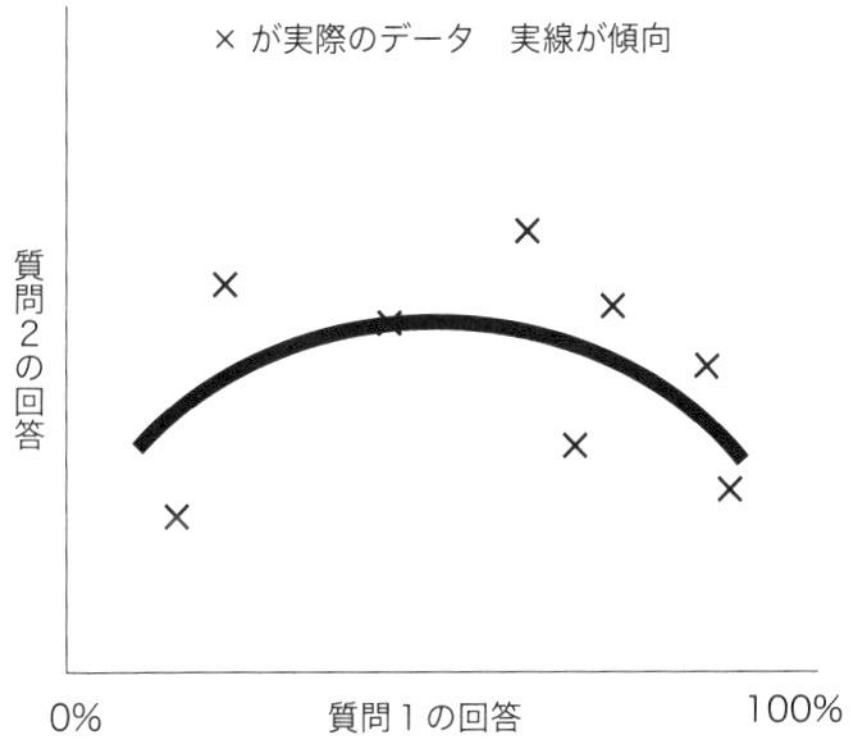

質問１と質問２の関連性は非線形であるため分析不能。
☞バリマックス回転では非線形の性格因子は抽出**不可能**

実際にも、川本、小塩氏らの研究などで、同じ性格因子でも個々の項目の関連性が非線形である可能性は示唆されていますし、性別や年齢が性格に与える影響は「非線形」であることも明らかです（☞237頁）。このことは、個々の質問では明確に血液型による差が出ているのに、心理学で主流の「ビッグファイブ」性格検査では、なぜかうまく差が出ていない事実とぴったり一致します（☞「心理学の性格テストでは血液型の差はわからない」209頁を参照）。

そこで、AIの長所が生きてきます。AIは、少なくとも原理的には、非線形のデータもうまく分析することが可能です。ただ、その代わりといってはなんですが、大量の学習用データが必要となります。

もう少し具体的に説明しておきましょう。たとえば、土嶺章子氏らのデータ[★3]は、DNAを鑑定して血液型を判定しているので、AIで分析すれば、直接的に遺伝子と性格の関係性を分析できるはずです。この論文では、TCIという心理学の性格テスト（性格因子）を使っているのですが、個別の質問をAIで分析すれば、かなり面白い結果が出る可能性もあります。

もっとも、現在のAIは万能ではないので、注意しなければならない点も少なくありません。たとえば、「偏った」データを学習させると、いわゆる「がっかりＡＩ」でおかしな結果になることもあるのです。

有名な話ですが、アマゾンで社員の採用にＡＩを使ったところ、女性にはさっぱり効果が出なかったそうです。その理由は、アマゾンの社員には男性が多かったからで、結果的に女性の評価が低くなってしまったのだそうです。

このように、ＡＩは万能ではなく、きちんと有効性をチェックしないとダメなのです。前述したように、いまのところ主流となっている「ディープラーニング」では、なぜ血液型を当てられるかがわからないという欠点もあります。

いずれにせよ、心理学でのＡＩの活用はまだまだ発展途上なので、これからいろいろと面白いことができそうですね。

★1　X軸とY軸を回転させて、全因子による分散（Variance）を最大（Maximun）にする方法であるため、バリマックス（Varimax）回転と呼ばれる。データの傾向を説明できる「因子」を抽出する場合に多く使われる。

★2　学者によって微妙に違うが、一般的には「神経症傾向（N）」「外向性（E）」「経験への開放性（O）」「協調性（A）」「誠実性（C）」とされている。

★3　Shoko Tsuchimine, Junji Saruwatari, Ayako Kaneda, Norio Yasui-Furukori, ABO Blood Type and Personality Traits in Healthy Japanese Subjects. Plos one. 2015.

主な参考文献

■単行本

《日本語》

能見正比古『血液型でわかる相性』１９７１年
能見正比古『血液型人間学』１９７３年
能見正比古『血液型愛情学』１９７４年
能見正比古『血液型活用学』１９７６年
能見正比古『血液型エッセンス』１９７７年
能見正比古『血液型政治学』１９７８年
能見正比古『新・血液型人間学』１９７８年
能見正比古『血液型と性格ハンドブック』１９８１年
能見正比古（市川千枝子）『血液型人間学』２００９年
金澤正由樹『統計でわかる血液型人間学入門』２０１４年／電子書籍２０１９年（追補あり）

金澤正由樹『B型女性はなぜ人気があるのか』2016年
金澤正由樹『血液型人間学のエッセンス』2017年
前川輝光『血液型人間学　運命との対話』1998年
前川輝光『A型とB型　2つの世界』2011年
白佐俊憲・井口拓自『血液型性格研究入門』1993年
藤田紘一郎『血液型の科学』2010年
永田宏『血液型で分かる なりやすい病気・なりにくい病気』2013年
岡野誠『血液型人間学は科学的に実証されている』2016年
山上一『消えるB型』2018年
松田薫『「血液型と性格」の社会史』1991／1994年
大村政男『血液型と性格』1990／1998／2012年
佐藤達哉・渡邊芳之『現代のエスプリ　血液型と性格』1994年
山岡重行『ダメな大人にならないための心理学』2001年

《英語》
Toshitaka Nomi, Alexander Besser　You are Your Blood Type, 1988.
Masayuki Kanazawa　Blood Type and Personality 3.0, 2018.

Chieko Ichikawa, Slobodan Petrovski　ABO system of blood types and positions in soccer team, 2018.
Peter J. D'Adamo　Eat Right for Your Type, 1996.
Peter J. D'Adamo　Live Right for Your Type, 2001.
Heather Collins Grattan（Author）, Joseph Christiano（Foreword）　The Compatibility Matrix: The Qualities of Your Ideal Mate, 2011.
Fred Wong & Eugenia Wan　Bloody AI Alchemist: The Origin of Happiness is Fusion of Blood Type Personality & Artificial Intelligence, 2017.

■論文

《日本語》

山崎賢治・坂元章「血液型ステレオタイプによる自己成就現象―全国調査の時系列分析―」『日本社会心理学会大会発表論文集』１９９１年
松井豊「血液型による性格の相違に関する統計的検討」『東京都立立川短期大学紀要』１９９１年
渡邊席子「血液型ステレオタイプ形成におけるプロトタイプとイグゼンプラの役割」『社会

心理学研究』１９９４年
菊池聡「不可思議現象心理学9　血液型信仰のナゾ　後編」月刊『百科』１９９８年3月号
白佐俊憲「血液型性格判断の妥当性の検討（2）」『北海道女子大学短期大学部研究紀要』１９９９年
大阪大学21世紀ＣＯＥ・池田新介・大竹文雄・筒井義郎「選好パラメータアンケート調査」（２００４年度日本）ＳＲＤＱ事務局編「ＳＲＤＱ—質問紙法にもとづく社会調査データベース〈http://srdq.hus.osaka-u.ac.jp〉」ほか
山岡重行「血液型性格項目の自己認知に及ぼすＴＶ番組視聴の効果」『日本社会心理学会大会発表論文集』２００６年
久保田健市「潜在的な血液型ステレオタイプ信念と自己情報処理」『日本社会心理学会大会発表論文集』２００７年
情報学部広報学科3年松崎宏美「性格と恋愛にみる血液型効果」『文教大学情報学部社会調査ゼミナール研究報告』２００８年
山岡重行「血液型性格判断の差別性と虚構性」『日本パーソナリティ心理学会大会自主企画②（２００９年11月28日）』２００９年
工藤恵理子「自分の性格の評価に血液型ステレオタイプが与える影響」『日本社会心理学会大会発表論文集』２００９年

清水武・石川幹人「ＡＢＯ式血液型と性格との関連性―主要５因子性格検査による測定」『構造構成主義研究』２０１１年
清水武「心理学は何故、血液型性格関連説を受け入れ難いのか―学会誌査読コメントをテクストとした質的研究」『構造構成主義研究』２０１１年
武藤浩二・長島雅裕ほか「教員養成課程における科学リテラシー構築に向けた疑似科学の実証的批判的研究」『科研費研究成果報告書　２０１０年度〜２０１１年度』２０１２年
大村政男・浮谷秀一・藤田主一「『血液型性格学』は信頼できるか（第30報）Ｉ　衆議院議員に血液型の特徴が見られるか」『日本応用心理学会大会発表論文集』２０１３年
大村政男・浮谷秀一・藤田主一「『血液型性格学』は信頼できるか（第30報）Ⅲ　アスリートに血液型の特徴がみられるか」『日本応用心理学会大会発表論文集』２０１３年
浮谷秀一・大村政男・藤田主一「『血液型性格学』は信頼できるか（第31報）国技大相撲の力士の血液型」『日本応用心理学会大会発表論文集』２０１４年
縄田健悟「血液型と性格の無関連性―日本と米国の大規模社会調査を用いた実証的論拠―」『心理学研究』２０１４年
川本哲也・小塩真司・阿部晋吾・坪田祐基・平島太郎・伊藤大幸・谷伊織「ビッグ・ファイブ・パーソナリティ特性の年齢差と性差―大規模横断調査による検討―」『発達心理学研究』２０１５年

長島雅裕「科学教育教材としての『血液型性格判断』」『理科の探検』２０１５年４月号

《英語》

Akira Sakamoto, Kenji Yamazaki　Blood-typical personality stereotypes and self-fulfilling prophecy: A natural experiment with time-series data of 1978-1988, In Y. Kashima, Y. Endo, E. S. Kashima, C. Leung, & J. McClure (Eds.), 2004.

Beom Jun Kim, Dong Myeong Lee, Sung Hun Lee and Wan-Suk Gim　Blood-type distribution, Physica A: Statistical and Theoretical Physics, 2007.

Donna K. Hobgood　Personality traits of aggression-submissiveness and perfectionism associate with ABO blood groups through catecholamine activities, Medical Hypotheses, 2011.

Shoko Tsuchimine, Junji Saruwatari, Ayako Kaneda, Norio Yasui-Furukori　ABO Blood Type and Personality Traits in Healthy Japanese Subjects. Plos one, 2015.

《韓国語》

SoHyun Cho, Eun Kook M. Suh, Yoen Jung Ro　Beliefs about Blood Types and Traits and their Reflections in Self-reported Personality, The Korean Psychological Association, The Korean Journal of Social and Personality Psychology, 2005.

Hyun Duk Joo, Se Nny Park　Does Love Depend on Blood Types?: Blood Types, Love Styles, and Love Attitudes, The Korean Psychological Association, The Korean Journal of Social and Personality Psychology, 2006.

In Sook Yoon, Hye Jong Kim　The Relationship between Types of Leisure Activity and Blood Types - Focus on Collegians of Public Health Departments and Non-Public Health Departments of DHC, 2006.

Sung Il Ryu, Young Woo Sohn　A Review of Sociocultural, Behavioral, Biochemical Analyses on ABO Blood-Groups Typology, The Korean Psychological Association, The Korean Journal of Social and Personality Psychology, 2007.

Choong-Shik Kim, Seon-Gyu Yi, Kim Chun-shik　A Study on the effects of one's blood type on emotional character and antistress of adults, Journal of the Korean Academia-Industrial Cooperation Society, 2011.

Yong Kee Kwak, Chun Sung Youn　A Study on the Correlation between Korean Geometry Psychology Type and Blood, 2015.

■ホームページ

ABO WORLD

ABO FAN

漫画全巻ドットコム

血液型別将棋棋士一覧

インターワイヤード　DIMSDRIVE　あなたの行動や思考と対人関係に関するアンケート（２００４年）

648 blog Amazon ML でプログラミング不要の機械学習&簡単データ解析

疑似科学とされるものの科学性評定サイト

Answers.com

Peter J. D'adamo　インターネット調査　２００1年

〈著者紹介〉

金澤 正由樹（かなざわ まさゆき）

1960年代関東地方生まれ。ABOセンター研究員。
小学生のとき能見正比古氏の著作に出会い、血液型に興味を持つ。
以後、日本と海外の血液型の文献を研究。コンピューターサイエンス専攻。
数学教員免許、英検1級、TOEIC900点のホルダー。

著書：
『統計でわかる血液型人間学入門』（2014年、電子書籍2019年）
『B型女性はなぜ人気があるのか』（2016年）
『血液型人間学のエッセンス』（2017年）
『Blood Type and Personality 3.0』（2018年）

日本音楽著作権協会（出）許諾第1908416-902号

「血液型と性格」の新事実
AIと30万人のデータが
出した驚きの結論

定価（本体 1500円+税）

乱丁･落丁はお取り替えします。

2019年 10月 25日初版第1刷発行
2019年 11月 10日初版第2刷発行
著　者　金澤正由樹
発行者　百瀬　精一
発行所　鳥影社（www.choeisha.com）
〒160-0023　東京都新宿区西新宿3-5-12トーカン新宿7F
電話　03(5948)6470, FAX 03(5948)6471
〒392-0012　長野県諏訪市四賀 229-1（本社・編集室）
電話 0266(53)2903, FAX 0266(58)6771
印刷・製本　モリモト印刷

ISBN978-4-86265-765-7　C0095